Rheinisch-Westfälische Akademie der Wissenschaften

Geisteswissenschaften Vorträge · G 248

Herausgegeben von der
Rheinisch-Westfälischen Akademie der Wissenschaften

ULRICH SCHEUNER

Der Beitrag der deutschen Romantik zur politischen Theorie

Springer Fachmedien Wiesbaden GmbH

232. Sitzung am 19. Juli 1978 in Düsseldorf

CIP-Kurztitelaufnahme der Deutschen Bibliothek

Scheuner, Ulrich:

Der Beitrag der deutschen Romantik zur politischen Theorie / Ulrich Scheuner.

(Vorträge / Rheinisch-Westfälische Akademie der Wissenschaften : Geisteswiss. ; G 248)

ISBN 978-3-531-07248-7 ISBN 978-3-663-14475-5 (eBook)

DOI 10.1007/978-3-663-14475-5

Ursprünglich erschienen bei Westdeutscher Verlag GmbH Opladen 1980

ISSN 0172-2093

ISBN 978-3-531-07248-7

Inhalt

Ulrich Scheuner, Bonn
Der Beitrag der deutschen Romantik zur politischen Theorie

I. Politische Romantik 7

II. Die Bekämpfung des Rationalismus der Aufklärung und des naturrechtlichen Staatsbildes 22

III. Staat und Staatsgesinnung 32

IV. Die Erschließung der Geschichte 54

V. Volk und Nation 66

VI. Ausblick 72

I. Politische Romantik

Im Jahre 1788 gab der Lehrer an der Wiener Universität, Freiherr von Martini, die folgende Definition des Staates: „Eine Vereinigung mehrerer freier Menschen, die sich ihrer Sicherheit wegen einer gemeinschaftlichen Oberherrschaft unterworfen haben, ist ein Staat. Jeder Staat ist daher eine Gesellschaft, und zwar eine ungleiche."[1] Und 1793 schrieb der wohlbekannte Hofrat und Professor in Göttingen, August Ludwig Schlözer, in seinem Buche „Allgemeines StatsRecht und StatsVerfassungsLere" vom Staate: „Der Staat ist eine I. Erfindung: Menschen machten sie zu ihrem Wohl, wie sie Brandkassen etc. erfanden. Die instruktivste Art, Staatslehre abzuhandeln, ist, wenn man den Staat als eine künstliche, überaus zusammengesetzte Maschine, die zu einem bestimmten Zweck gehen soll, behandelt. Aber II. uralt ist diese Erfindung: wir treffen sie schon beim allerersten Anfang der Geschichte an."[2] Im Jahre 1835 schrieb Friedrich Christoph Dahlmann, damals Professor in Göttingen, in seinem rasch bekannt gewordenen Büchlein „Die Politik": „Der Staat ist mithin keine Erfindung, weder der Not noch der Geschicklichkeit, keine Aktiengesellschaft[3], keine Maschine, kein aus einem frei aufgegebenen Naturleben hervorspringendes Vertragswerk, kein

[1] Des Freiherrn von Martini Allgemeines Recht der Staaten Zweite Übersetzung, Wien 1788, S. 6. M. lehrte an der Wiener Universität Naturrecht und römische Rechtsgeschichte, bis er seit 1782 zu höheren Staatsämtern aufstieg.

[2] Allgemeines StaatsRecht und StaatsVerfassungslere, Göttingen 1793, S. 3.

[3] In dieser Wendung nimmt Dahlmann Gedanken Edmund Burkes auf, dessen „Reflections on the French Revolution" zu den Schriften gehörten, die auch für die romantischen Autoren die Abwendung von der Französischen Revolution mitbestimmten. 1790 erschienen, wurde das Buch durch die Übersetzung von Friedrich Gentz (1793) bald in Deutschland wirksam. Vgl. Jakob Baxa, Einführung in die romantische Staatswissenschaft, Jena 1923, S. 41. Novalis (Die Werke Friedrichs von Hardenberg, hrg. v. Paul Kluckhohn und Fritz Samuel, Stuttgart, Bd. II 1965, S. 459) sagt von Burke in den Blütenstaub-Fragmenten Nr. 104 (1798): „Es sind viele antirevolutionäre Bücher für die Revolution geschrieben worden. Burke aber hat ein revolutionäres Buch gegen die Revolution geschrieben." In den Reflections (Ausgabe Everyman's Library, London 1953, S. 93) sagt Burke, der noch an der Vertragsbegründung des Staates festhält: „The state ought not to be considered as nothing better than a partnership agreement in a trade of pepper and coffee, calico or tobacco, or some other such low concern, to be taken up for little temporary interest, and to be dissolved by the fancy of the parties." In ihm vereinigen sich nach Burke die vergangenen, gegenwärtigen und künftigen Generationen.

notwendiges Übel, kein mit der Zeit heilbares Gebrechen der Menschheit, er ist eine ursprüngliche Ordnung, ein notwendiger Zustand, ein Vermögen der Menschheit und eines von den die Gattung zur Vollendung führenden Vermögen."[4] Und ein Jahr später sprach Leopold von Ranke im „Politischen Gespräch" von den Staaten als „Individualitäten, eine der anderen analog, – aber wesentlich unabhängig voneinander. Statt jener flüchtigen Konglomerate, die sich dir aus der Lehre vom Vertrag erheben wie Wolkengebilde, sehe ich geistige Wesenheiten, originale Schöpfungen des Menschengeistes, – man darf sagen, Gedanken Gottes".[5]

Der in die Augen fallende Gegensatz dieser Definitionen zeigt deutlich den Weg, den die Lehre vom Staat von der ausgehenden Aufklärung mit ihrem naturrechtlichen Denken an bis zu dem Zeitpunkt zurückgelegt hatte, in dem sich auf der Grundlage einer tiefen Wandlung der Anschauungen im Menschen- und Weltbild eine andere Vorstellung des Staates als einer lebendigen Gemeinschaft, eines großen geistigen Prinzips geformt hatte. In dem halben Jahrhundert zwischen 1780 und 1830 hatte sich das politische Denken in Deutschland weitreichend verändert. Der Glaube an die Vernunft in dem rationalen Sinne breiter Strömungen der späten Aufklärung war zurückgetreten und mit ihm die naturrechtliche Konzeption des Staates, die den Staat aus einer Einigung der Menschen ableitete und in ihm die höchste der konstituierten Gesellschaften erblickte. Nun wurde der Staat als eine Grundmacht menschlichen Lebens angesehen, getragen von tiefen geistigen und geschichtlichen Kräften, die wie das Volk ihre Individualität aus dem Gange der Geschichte empfangen hatte. In dieser Wandlung spiegelte sich ein Zeitalter großer politischer Ereignisse und Veränderungen, das den Sturz des alten Reiches, die napoleonische Fremdherrschaft und ihre Überwindung einschloß, das aber zugleich auch weitreichende geistige Erneuerung gebracht hatte. Der Gang der Zeit hatte aus der politischen und sozialen Stille des alten Reiches durch tiefe Erschütterungen und Kämpfe hindurch in eine poli-

[4] F. C. Dahlmann, Die Politik auf den Grund und das Maß der gegebenen Zustände zurückgeführt. 2. Aufl. Leipzig 1847, S. 3 (erste Auflage 1835).

[5] Leopold von Ranke, Politisches Gespräch, erschienen 1836 im vierten Heft des zweiten Bandes der Historisch-politischen Zeitschrift. Ausgabe von Friedrich Meinecke, München und Leipzig 1924, S. 39.

[6] Die Wendung des Staatsdenkens zum Erlebnis des Staates, zu einem Staatsgefühl stellt Rudolf Smend in seiner Abhandlung: Politisches Erleben und Staatsdenken seit dem 18. Jahrhundert (Nachr. d. AkWiss Göttingen Ph.-Hist. Kl. Jahrg., 1943, S. 517ff. (jetzt in Staatsrechtliche Abhandlungen, 2. Aufl. Berlin 1968, S. 363ff.) heraus.

[7] Die Erscheinung der Aufklärung reicht in ihren geschichtlich sich wandelnden und vielfältigen Strömungen weit über das engere Bild einer rationalistischen Haltung hinaus, die die romantischen Autoren zum Gegenstand ihrer Kritik machten. In der Diskussion zu diesem Vortrage wies Fritz Schalk auf dieses bewegtere und reichere Bild der Aufklärung

tisch und sozial gewandelte Ordnung geführt, die sich mit der französischen Revolution auseinandergesetzt hatte, in der zwar die alten Gewalten in Deutschland erhalten geblieben oder wiederhergestellt worden waren, die aber auf der anderen Seite allmählich immer sichtbarer den Charakter einer bürgerlichen Lebensform annahm. In den angeführten Äußerungen von Dahlmann und Ranke mag man den Einfluß vielfältiger Strömungen erkennen, Gedanken der französischen Revolution, die man im Blick auf Verfassung und Freiheit wiederfindet, Einwirkungen der Philosophie Hegels, wo der Staat als eine in sich ruhende sittliche Macht erfaßt wird, aber man mag auch romantisches Erbe in der geschichtlichen Einstellung, in der Hervorhebung des Zusammenhanges von Staat und Volk entdecken. In der Tat haben sich in der politischen Theorie, vor allem in der von Juristen gestalteten Staatslehre, die zwischen der französischen Revolution und den Befreiungskriegen entfalteten geistigen Auseinandersetzungen erst langsam, eigentlich erst seit den zwanziger Jahren, ausgewirkt. Erst in den lebhaften Auseinandersetzungen um die innere Ordnung der deutschen Staaten, die nach 1815 einsetzen, formt sich eine stets auch in Auseinandersetzung mit französischen und englischen Ideen stehende deutsche Staatstheorie aus, die politisch weit auseinandergefächert ist, in der aber, vor allem in der zu Seiten der herrschenden Mächte sich bildenden konstitutionellen Lehre, das Erleben des Staates, die Sinngebung des Staates aus dem Strom geschichtlicher Kräfte und damit auch romantisches Gedankengut seinen Platz fand.[6]

Wenn wir im Blick auf diese Zeit den Wirkungen romantischen Denkens und Empfindens nachgehen, so ergibt sich freilich von Anfang an eine zu beachtende Schwierigkeit. Es ist die Vielfalt der in dieser Periode wirkenden und sich begegnenden geistigen Strömungen. Noch stand sie unter der Nachwirkung der lange festgehaltenen Vorstellungen der späten Aufklärung[7], die in den zweckgerichteten Neueinrichtungen der erweiterten Rheinbundstaaten ihre Geltung behielten. Daneben gewann das Denken der idealisti-

hin, zu dem auch die Entdeckung der geschichtlichen Individualität (Montesquieu) wie die Betonung der Empfindung und der Vorzüge der Ursprünglichkeit (Rousseau) gehören. Zu einem umfassenderen Phänomen der Aufklärung siehe Fritz Schalk, Studien zur französischen Aufklärung, 2. Aufl. Frankfurt 1977, S. 230ff. Prof. Schalk wies ferner hin auf das Werk von Georges Gusdord „Les sciences humaines et la pensée occidentale", dessen Band VI „L'avèenement des sciences humaines au siècle des lumières" und Bd. VII (1976) „Naissance de la conscience romantique au siècle des lumières" behandelt. In diesem Vortrag wird vor allem diejenige Seite der Aufklärung ins Auge gefaßt, die eine rationalistische Strömung zum Ausdruck brachte, wie sie auch das späte Naturrecht beherrschte. Sie war diejenige Erscheinung, gegen die sich die Ablehnung der romantischen Autoren wandte. Der hier im Text verwandte Begriff der Aufklärung ist also gewissermaßen mit den Augen der romantischen Kritik gesehen.

schen Philosophie, voran Kants, dann auch Fichtes, Schellings und Hegels Einfluß, wobei vor allem Kants ethische Pflichtenlehre in weite Kreise ausstrahlte.[8] In der Spanne zwischen der französischen Revolution und dem Sturz des napoleonischen Empire blieb die Auseinandersetzung mit dem die europäische geistige Szene beherrschenden Frankreich in seinen aufeinanderfolgenden Gestalten ein grundlegendes Element vor allem der politischen Stellungnahme. Niemals war die romantische Richtung die vorherrschende geistige Linie; sie hatte sich stets mit anderen Strömungen, mit der Wirkung der klassischen Dichtung, dem Fortleben rationalistischer Elemente und mit dem imperialen Glanz der reformerisch-rationalen napoleonischen Institutionen auseinanderzusetzen.

Für unsere Darstellung müssen wir hieraus die Folgerung einer sorgfältigen Eingrenzung des Themas ziehen. Die Betrachtung beschränkt sich auf die Romantik in Deutschland. Sie läßt sich in der Tat auch verhältnismäßig leicht von den verwandten Bewegungen anderer Länder zeitlich wie sachlich abgrenzen. Wenn die Romantik heute als eine europäische Bewegung angesehen wird[9], so war doch die Berührung der deutschen Literatur mit der englischen romantischen Dichtung begrenzt. Eigentlich nur Byron gewann eine breitere Einwirkung[10], und später drangen die Romane von Walter Scott in weite Kreise. Der erstere erschien als ein Vertreter der Ironie und Weltverneinung – seine kritische politische Haltung ist kaum bemerkt worden –, Scott wurde bekannt mit

[8] Am Ausgang des 18. und Beginn des 19. Jahrhunderts wirkte Kant durch seine Lehre von der Bindung des Menschen an das Gebot des eigenen inneren Gesetzes ein. Siehe Friedrich Schlegel, Krit. Ausgabe, hrg. v. Ernst Behler, Bd. VII München, Paderborn, Wien 1966, S. 11f. (Versuch über den Begriff des Republikanismus, 1796).

[9] Zur Romantik als europäischer Bewegung siehe Ernst Behler (Hrg.), Die europäische Romantik, Frankfurt 1972, und dort Behler: Kritische Gedanken zum Begriff der europäischen Romantik, S. 7ff.; Helmut Vielbrock, Die englische R., S. 333ff.; zu Frankreich Kurt Wais S. 163ff. Ferner René Wellek, Conflicts of Criticism, New Haven, London 1963, S. 126ff. (The concept of Romanticism in Literary History); Henry A. Remek in Helmut Prang, Begriffsbestimmung der Romantik (Wege der Forschung 90), Darmstadt 1973, S. 427ff.; K. Doderer dort S. 386ff.

[10] Zu Byron vgl. Vielbrock (Anm. 9) S. 341f. Byron kannte die Vorlesungen der Brüder Schlegel in englischer Übersetzung, er korrespondierte auch mit Goethe. Sonst ergeben sich aber kaum Beziehungen. Bemerkenswert ist die Häufigkeit, mit der Goethe in den Gesprächen mit Eckermann auf ihn zu sprechen kommt, immer in Bewunderung seines großen Talents. (16. 2. 1828), aber auch kritisch gegenüber Maßlosigkeit und Zügellosigkeit (24. 2. 1825). Dabei hatte Goethe seine revolutionäre Neigung und seine politische Oppositionshaltung deutlich erkannt (25. 12. 1825).

[11] In der Verherrlichung des Mittelalters und des Rittertums begegnete sich Scott durchaus mit der deutschen Einstellung. In England kam der Name Romantik erst später auf; siehe Wellek (Anm. 9), S. 150.

[12] Joseph Comte de Maistre, Considérations sur la France, 1796 (deutsche Übersetzung von Oppeln-Bronikowski, Klassiker der Politik, Bd. 11, Berlin 1924). Die Schrift „Essai sur

seinen historischen Romanen, als sich die deutsche Richtung längst ausgeformt hatte.[11] Frankreich hat namentlich durch frühe Vertreter einer religiös und restaurativ orientierten romantischen Strömung, durch de Maistre und Bonald eingewirkt.[12] Madame de Staël vermittelte den Franzosen eine Kenntnis der deutschen romantischen Bewegung[13], aber in der Dichtung bildete sich eine romantische Richtung in Frankreich erst in den dreißiger Jahren aus und nahm später eine mehr der liberalen Haltung zugewandte Position ein.[14] Die Ausstrahlung Frankreichs auf die deutsche Entwicklung liegt in der hier betrachteten Zeitspanne, soweit politische Ideen in Betracht kommen, vornehmlich zuerst in den gemäßigten und radikalen Ideen der Revolution, dann im Vorbild eines starken, autoritär geleiteten Verwaltungsstaates und schließlich in den Vorstellungen einer gemäßigten Monarchie des Juste Milieu, die bei Fr. Schlegel und Ranke anklingen.[15] Auf Paris hielten namentlich die seit 1820 sich ausbreitenden liberalen und radikalen Strömungen in Deutschland ihren Blick gerichtet. Die romantischen Richtungen Italiens setzten später ein und verbanden sich früh mit Tendenzen der nationalen Befreiung, die sich gegen Österreich wandten. In den Vereinigten Staaten behielten die Anschauungen einer gemäßigten Aufklärung im Verein mit religiösen Strömungen bis in das erste Viertel des 19. Jahrhunderts ihre Kraft. Die französische Revolution wurde mit großer Aufmerksamkeit aufgenommen, aber der reale und tätige Sinn der Amerikaner blieb dem romantischen Denken abhold. In Deutschland

le principe générateur des constitutions politiques" (1814, geschrieben 1809) wurde von Albert von Haza, dem Stiefsohn Adam Müllers als „Versuch über Ursprung und Wachstum der politischen Constitutionen" in Naumburg 1822 in deutscher Übersetzung herausgegeben. De Maistre und Louis de Bonald werden bei Friedrich Schlegel in den Vorlesungen über die Signatur des Zeitalters (1820–23) Wien 1923 (Krit. Ausgabe (Anm. 8), Bd. VII, S. 562/63) als Vertreter einer christlichen Staatslehre angeführt, wobei Sch. die geringe Beachtung des ma. Kaisertums bei ihnen tadelt. Zu Bonald siehe Carl Schmitt, Politische Romantik, 2. Aufl. 1925, S. 41, Anm. 2,153. Er wurde Adam Müller erst 1810 bekannt. Siehe Fr. Meinecke, Weltbürgertum und Nationalstaat (Werke, hrg. H. Herzberg u. a., 9. Aufl. 1963, S. 119), ferner C. Schmitt S. 159. Beide Autoren, Maistre wie Bonald, wurden von der deutschen Staatsrechtslehre, die Montesquieu, Rousseau und später B. Constant in breitem Umfang aufnahm, kaum beachtet. Zu Maistre und Bonald besonders in ihren Beziehungen zur religiösen Bewegung des 19. Jahrhunderts siehe Hans Maier, Revolution und Kirche, 3. Aufl. München 1973, S. 149ff., 158ff. In diesem Zusammenhang ist auch Chateaubriand zu nennen. Zum Gesamtverlauf der R. in Frankreich siehe Pierre Martino, L'époque romantique en France, 3. Aufl. Paris 1944.

[13] Zur Berührung der romantischen Strömung mit der französischen Literatur siehe Kurt Wais (Anm. 9), S. 174ff.; Martino (Anm. 12), S. 12ff.

[14] Zur Neigung der französischen R. zu liberalen Strömungen Martino (Anm. 12), S. 116ff.

[15] Friedrich Schlegel, Signatur des Zeitalters (Krit. Ausg. Bd. VII, S. 573) meint, daß jeder vom absoluten Geist beseelte Staat auf Krieg und Zerstörung hinauslaufe, der dynamische Staat durch Gegengewichte der Konstitution gehalten sein solle. Zu Ranke vgl. Politisches Gespräch (Anm. 5), S. 26/27.

wurde die Erscheinung der freien amerikanischen Gesellschaft wohl beachtet, aber sie trat hinter dem Einfluß Frankreichs natürlich weit zurück.[16] Die deutsche romantische Bewegung läßt sich also in ihrer Entwicklung und Wirkung von den romantischen Erscheinungen der Nachbarstaaten deutlich abgrenzen, so sehr sie vor allem mit den geistigen Vorgängen in Frankreich ihrerseits in engem Kontakt blieb.

Was ist unter Romantik zu verstehen? Der alte, durch August Wilhelm Schlegel begründete Gegensatz von klassisch und romantisch hat gewiß für die Unterscheidung der literarischen Tendenzen seine Bedeutung behalten[17], aber wir werden hierin heute kaum mehr eine zureichende Umschreibung des gesamten Phänomens erblicken. Die Grenzen zwischen Klassik und Romantik verwischen sich auch mitunter, sehen wir doch bei Goethe im „Faust" romantische Elemente auftauchen, und die Romantiker waren zumal in ihren Anfängen der Antike und dem Griechentum weit geöffnet. Es erscheint schwer, eine geistige Bewegung, der man einen protëischen Charakter bescheinigt hat[18], durch eine Definition zu umschreiben.[19] Richtiger wird es sein, die Erscheinung der Romantik durch Hervorhebung wesentlicher Züge zu beschreiben. Dann lassen sich als Grundmomente ihres Dichtens und Denkens bezeichnen zunächst der klare Gegensatz zur rationalen Vernunftherrschaft der späten Aufklärung und die Absetzung von der aus antiken und humanistischen Traditionen getragenen Klassik, ohne daß die romantischen Autoren

16 Die breit fundierte Darstellung der amerikanischen geistigen Strömungen in der Periode von 1688 bis 1815 von Henry F. May, The Enlightment in America, New York 1976, zeigt die tiefe Bedeutung, aber auch das Zurücktreten der religiösen Grundlage und die Fortdauer der Impulse einer im Ganzen gemäßigten, von der Vorstellung einer Gleichheit und Toleranz ausgehenden aufgeklärten Haltung bis in das erste Viertel des 19. Jahrhunderts, in dem sie unter den politischen Gegensätzen zerfällt. Romantische Ideen fanden in dieser tätigen und vernünftigen, sich demokratisierenden Gesellschaft auch in der Elite keinen Widerhall bis zur Mitte des 19. Jahrhunderts (R. Alan Poe). May sagt daher (S. 236): „American resistance to romantic taste is a puzzling fact." Zu der bedeutenden Einwirkung der amerikanischen Ereignisse auf die deutsche Meinung siehe Horst Dippel, Deutschland und die amerikanische Revolution, Diss. Köln 1972, jetzt auch in englischer Sprache: Germany and the American Revolution 1770–1800 – A Sociohistorical Investigation of Late Eighteenth Century Thinking, Chapel Hill 1977. Die Ideen der amerikanischen Unabhängigkeit wurden in Deutschland allgemein günstig aufgenommen, zumal hier die Radikalisierung fehlte, die später den Wandel in der Haltung gegenüber der französischen Revolution hervorrief.

17 August Wilhelm Schlegel, Vorlesungen über dramatische Kunst und Literatur (1809–11), 18–22. Vorl., Sämtl. Werke, hrg. v. Böcking 1846ff., Bd. 2, S. 23ff. Zum Begriff der R. siehe Ernst Behler (Anm. 9), S. 10ff.; René Wellek (Anm. 9), S. 128ff. sowie die bei Helmut Prang, Begriffsbestimmung (Anm. 9), gesammelten Beiträge von Fritz Stach, Oskar Walzel u. a.

18 Oskar Walzel bei Prang, Begriffsbestimmung (Anm. 9), S. 184.

19 Zur Schwierigkeit der Begriffsbestimmung siehe Behler (Anm. 9), S. 36ff., Wellek (Anm. 9), S. 203ff.

ihrerseits die Antike beiseitegesetzt oder gering geachtet hätten. In der Romantik kommt vor allem ein neues Lebensgefühl zum Ausdruck, in dem sich Imagination und Phantasie, ein Streben zur Einbettung des Menschen in ein Universum von Natur und Geist, zur Überwindung der Gegensätze in einigender Unendlichkeit und die Anerkennung der irrationalen und emotionalen Züge des menschlichen Daseins mit einem hohen Subjektivismus verbinden, der in späterer Zeit stärker der Einsicht in die Eingebundenheit des Menschen in die Gemeinschaft und die objektiven Bindungen der Religion und der Geschichte sich öffnet.[20] Die Vorstellungswelt der Romantik setzt sich scharf ab von der voraufgehenden rationalen Geisteshaltung, obwohl sie auch manche ihrer Gedanken, die Betonung der Empfindung, die Einsicht in die Eigenart der Völker, den Gedanken des Organismus von früheren Autoren, aus dem Sturm und Drang und aus jenen Richtungen übernimmt, die man heute auch als Präromantik bezeichnet.[21] Die Romantik ist von Anfang an an einer Verbindung des Geistes mit den Erscheinungen der Natur interessiert, sie sucht eine enge Verbindung zu der Wissenschaft der Natur und der Naturphilosophie, die ihrer Bilderwelt alsbald eine eigene und besondere Färbung verleiht, die das Mechanische und Künstliche durch das Natürliche und Organische ersetzt. Einzelne Kennworte des Rationalismus, wie das der „Glückseligkeit"[22] und Rousseaus „gemeinen Willen"[23] kann man in der frühen Periode der romantischen Schriftsteller noch finden. Die Romantik ist

[20] Zu diesen Grundzügen der R. außer Behler und Wellek auch H. A. Korff (bei Prang, Begriffsbestimmung (Anm. 9), S. 200f., 205) und K. Wais, dort S. 278.

[21] Zu Begriff und Erscheinung der Präromantik siehe René Wellek (Anm. 9), S. 158ff.; Jakob Baxa, Einführung (Anm. 3), S. 7ff.

[22] Der Ausdruck „Glückseligkeit" ist geradezu ein Schlüsselwort der rationalistischen deutschen Aufklärung zur Bezeichnung des Staatszwecks. Siehe Karl Theodor von Dalberg (der spätere Kurerzkanzler) in seiner Erfurter Rede „Von Erhaltung der Staatsverfassungen" 1796, S. 28: Das allgemeine Ziel aller Staatsverfassungen sei letztlich „die Beförderung reiner Beseeligung, wahrer Glückseligkeit". Bei Novalis findet sich das Wort im Heinrich von Ofterdingen bei der Beschreibung des glänzenden Königshofes (Deutsche Literatur, Reihe Romantik, Weltanschauung der Frühromantik, Bd. V, hrg. v. P. Kluckhohn, Neudruck Darmstadt 1966, S. 192). Dieser im 18. Jahrhundert ganz säkularisierte Begriff hat eine lange Geschichte. Der Begriff von „felicitas" oder „beatitudo" erscheint schon bei Augustinus, De Civitate Dei XIX cap. 17, um den Zustand des Friedens im Gehorsam Gottes zu kennzeichnen. Bei Thomas Aquinas besteht die summa felicitas in der Erkenntnis der höchsten Wahrheit (S.Th. 2–2 qu. 16 art, 1 ad 1). Im Glauben wird die f. gefunden (S.Th. 2–2 qu. 2 art. 8). In der großen Rede, die der Wiener Theologe Nicolaus von Dinkelsbühl als Gesandter Herzog Albrecht V. von Österreich am Konstanzer Konzil am 19. 2. 1415 vor König Sigismund hielt, wies er dem Herrscher die Aufgabe zu, das Volk zu seinem Endzweck, der leiblichen und geistlichen felicitas zu leiten, wobei die f. politica, die in der Sicherung von pax et tranquillitas besteht, von der f. moralis, der Hinlenkung zum Guten und der Verehrung Gottes im Kult, unterschieden wird (Text der Rede in J. D. Mansi, Nova Collection Sacr. Conciliorum, Venedig 1785, S. 516). Zu N. von Dinkelsbühl siehe Alois Madre, N. v. Dinkelsbühl, Leben und

in erster Linie stets eine dichterisch-ästhetische Bewegung geblieben. Ihr Ausdruck ist die Lyrik, das Lied, das Fragment, der Roman und die Erzählung, weniger eigentlich das Drama. Damit verbindet sich freilich bei vielen Romantikern, von Novalis über die Brüder Schlegel bis hin zu Görres und Baader, eine lebhafte Zuwendung zu Philosophie und Geschichte.

Diese Merkmale erlauben es uns, den Kreis der Romantik einigermaßen abzugrenzen, doch wird dies im letzten immer nur möglich sein, wenn man auch den örtlichen und personellen Umkreis näher festlegt. Er reicht in dieser Sicht von der frühen Romantik über die sich später formenden Kreise in Jena, Dresden, Berlin und Heidelberg bis zu der Spätphase, in der das Gewicht sich stark auf den in Wien lebenden Kreis verlagert. Tieck, Novalis, die Brüder Schlegel, hier vor allem Friedrich, Schleiermacher, Brentano, Arnim, Görres sind zu nennen, als einziger ganz dem staatswissenschaftlichen Bereich zugewandter Autor Adam Müller, endlich Kleist[24] und später E. T. A. Hoffmann, Eichendorff, Baader; mit diesen Namen dürfte der Kreis umrissen sein, den unser Blick umfassen soll. Hölderlin möchte ich nicht hierhin rechnen[25], und Fichte und Schelling kreuzen den Weg nur an einem Teil ihrer philosophischen Laufbahn, so stark namentlich Fichte auf die Frühromantiker eingewirkt hat.[26]

Aus der Fülle des romantischen Schaffens, das in der Dichtung sich äußert und auch auf die Musik und die bildende Kunst ausstrahlt, haben wir hier nur den Ausschnitt vor Augen, der sich den staatlichen und sozialen Fragen

Schriften (Beiträge zur Geschichte der Theologie und Philosophie des MA, hrg. v. M. Schmaus, Bd. 40, Heft 4) Münster 1965, S. 23, 280f. Ähnlich hatte schon Marsilius von Padua, Defensor Pacis (Ed. Scholz, Hannover 1932) unterschieden zwischen der f. civilis (Dictio I cap. 1 § 7) und der f. externa (Dictio I cap. 6 §§ 1 und 4). Im 18. Jahrhundert ist der Begriff ganz säkularisiert und bezeichnet den Staatszweck der äußeren Wohlfahrt. Hierzu siehe meine Darlegung in: Gedächtnisschrift für Hermann Conrad, Beiträge zur Rechtsgeschichte, hrg. v. G. Kleinheyer und P. Mikat, Paderborn, München, Wien, Zürich 1979 (Die Staatszwecke und die Entwicklung der Verwaltung im deutschen 18. Jahrhundert), S. 475ff., sowie Christoph Link, Herrschaftsordnung und bürgerliche Freiheit. Grenzen der Staatsgewalt in der älteren deutschen Staatslehre (Wiener Rechtsgeschichtliche Arbeiten Bd. 12) Wien, Köln, Graz 1979, S. 136ff. In diesem Sinne einer eudämonistischen Wohlfahrt erscheint der Begriff auch als „pursuit of happiness" in der amerikanischen Unabhängigkeitserklärung vom 4. 7. 1776. Hierzu Ursula M. von Eckhardt, The Pursuit of Happiness in the Democratic Creed, New York 1959, S. 224ff., 288ff.

[23] Der „gemeine Wille" findet sich bei Friedrich Schlegel im „Versuch über Repubikanismus" (1796) in offenbarer Anlehnung an Rousseau. Siehe Werke, Krit. Ausg. Bd. VII, S. 13.

[24] Zu Kleist siehe Benno v. Wiese, Die deutsche Tragödie von Lessing bis Hebbel, 8. Aufl. Hamburg 1973, S. 275ff.

[25] Vgl. auch Behler (Anm. 9), S. 30.

[26] Zum Einfluß Fichtes auf Novalis siehe Behler (Anm. 9), S. 18. Die Einwirkung Kants ist bei der Frühromantik allgemein stark, vor allem bei Friedrich Schlegel im „Versuch über den Begriff des Republikanismus" (1796), der den Gedanken des „Ewigen Friedens"

zuwendet, im Gesamtrahmen der Romantik gewissermaßen einen Nebenschauplatz. Es muß auch von Anfang an betont werden, daß die romantischen Autoren keine geschlossene Staatstheorie entwickelt haben.[27] Sie bieten insofern ein sehr viel weniger deutliches Bild, als es innerhalb der idealistischen Philosophie zu gewinnen ist. Hier enthalten Kants Metaphysik der Sitten und seine Schrift zum ewigen Frieden, Fichtes „Handelsstaat" und andere seiner Schriften, vor allem aber Hegels so sehr den politischen Problemen zugewandte Arbeit ausgebildete Vorstellungen vom Staate. Bei den Romantikern vermögen wir nur einzelne Gedankengruppen zu erfassen, die für sie charakteristisch sind und mit denen sie auf das Denken ihrer Zeit eingewirkt haben. Wenn man die Position der romantischen Schriftsteller betrachtet, so muß vor allem aber beachtet werden, daß das Zeitalter, jedenfalls vor 1815, noch weithin von der rationalen Naturrechtslehre beeinflußt wurde und daß sich inmitten einer unruhigen Epoche keine politische Theorie ausformte, so daß sich erst später, in den zwanziger und dreißiger Jahren, die Auswirkung der romantischen Gedanken auf sie erkennen läßt. Soweit Juristen die Staatslehre bestimmen[28] – und das war weitgehend der Fall –, galt sowieso, daß die Jurisprudenz eine konservative Wissenschaft ist, die begriffliche Sprache und Vorstellungswelt nur langsam den Strömungen ihrer Zeit anpaßt. Auch fehlt bislang eine wirkliche Übersicht über die Breite der Rechts- und Staatsrechtslehre dieser Zeit, die vor allem auf ihre Haltung zu den geistigen Strömungen eingeht. Die Bedeutung der dem Staat gewidmeten Schriften ist bis-

aufnimmt. Vgl. Werke, Krit. Ausg. Bd. VII, S. 13f., 20f. Mit Schelling war der Jenenser Kreis der R. eng verbunden. Hegel dagegen wurde von der R. nicht aufgenommen und er selbst hat an der Subjektivität der R., ihrer mangelnden philosophischen Durchdringung oftmals Kritik geübt, sich auch gegen Savigny's Volksgeist ausgesprochen. Vgl. Otto Pöggeler, Hegels Kritik der Romantik, Bonn 1956, S. 61ff., 113ff., 193ff.

[27] Auch die „Elemente der Staatskunst" von Adam Müller (1808/09) behandeln nur gewisse Grundfragen eines politischen Systems mit starkem Schwerpunkt auf den wirtschaftlichen Fragen. Die Schriften von Novalis und Friedrich Schlegel enthalten ebenfalls Grundeinsichten wie Einzelpunkte. Zum Staatsdenken der Romantiker siehe Jakob Baxa, Einführung (Anm. 3), S. 51ff. (zu Novalis); 79ff. (zu Friedrich Schlegel und Fichte) und 102ff., 133ff. (zu Adam Müller); Paul Kluckhohn, Das Ideengut der deutschen Romantik, Tübingen 1953, S. 3ff., 78ff.

[28] Juristen waren unter den Romantikern Eichendorff wie E. T. A. Hoffmann. Siehe zu letzterem Eugen Wohlhaupter, Dichterjuristen, Tübingen 1955, Bd. 2, S. 335ff.; Arved Blomeyer, E. T. A. Hoffmann als Jurist (Schriftenreihe der Juristischen Gesellschaft Berlin, Heft 55) Berlin 1978. – Die Erörterung der Staatslehre setzt nach dem Ausgang des 18. Jahrhunderts, wo auf August Ludwig Schlözer, Allgemeines Staatsrecht und Staatsverfassungslehre hinzuweisen ist (Göttingen 1793), erst nach 1815 wieder ein: Friedrich Ancillon, Über die Staatswissenschaft, Berlin 1820; Der Geist der Staatsverfassungen, Berlin 1825; Carl Salomo Zachariae, Vierzig Bücher vom Staat, 1. Aufl 1820; 2. Aufl. Heidelberg 1839/43; Friedrich Schmitthenner, Grundlinien des allgemeinen und idealen Staatsrechts, Gießen 1843.

her vor allem im Hinblick auf die Ausbildung der konstitutionellen Theorie untersucht worden.[29]

Zum Abschluß dieses einleitenden Ausblicks möchte ich auf eine im Grunde bereits beantwortete Frage eingehen. Gibt es eine politische Romantik, d. h. ein politisches Denken der romantischen Autoren, das zwar nicht in der Gestalt eines entwickelten Systems hervortritt, das aber doch eine die romantische Bewegung kennzeichnende Grundlinie erkennen läßt, mag diese sich auch mit den Ereignissen und Strömungen der Zeit gewandelt haben? Sind die Äußerungen der romantischen Schriftsteller mehr als gelegentliche Stellungnahmen, lassen sie eine auch philosophisch begründete Grundanschauung hervortreten? Es besteht kein Zweifel, daß die Dichtung, der Roman, die kritische Rezension, die geschichtliche Übersicht, die Sprachwissenschaft im Mittelpunkt der romantischen Bemühungen stehen. Gibt es daneben und in ihr enthalten eine Aussage zu den Themen des Staates und der politischen Theorie? Diese Frage ist vor einem halben Jahrhundert in einer glänzenden und geistreichen Schrift von Carl Schmitt mit einer verneinenden Antwort behandelt worden. Carl Schmitt hat seiner Darstellung vor allem das Werk und die Person von Adam Müller zugrundegelegt, desjenigen Autors, der am ausführlichsten sich unmittelbar dem Staat und seiner Erscheinung zugewandt hat. Daneben hat er auch Friedrich Schlegel in geringerem Maße herangezogen.[30] Schmitt geht davon aus, daß der Romantiker nicht eigentlich ein Interesse am Objekt hat, sondern an seiner subjektiven Empfindung ihm gegenüber. Die Realität ist für ihn nur eine Gelegenheit, eine Occasion, an die die Phantasie, die romantische Gestaltung und ästhetische Betrachtung anknüpfen.[31] Im Grunde ergibt sich daraus eine Standpunktlosigkeit des romantischen Denkens. Die romantische Richtung kann sich unterschiedlichen Strömungen verbinden. Das gilt auch für die politische Stellungnahme. Der

[29] Vgl. dazu E. W. Böckenförde, Die deutsche rechtsgeschichtliche Forschung im 19. Jahrhundert, Berlin 1961; ders., Das Verfassungsprinzip der deutschen konstitutionellen Monarchie im 19. Jahrhundert, in: E. W. Böckenförde (Hrg.), Moderne deutsche Verfassungsgeschichte (1815–1918), Köln 1972, S. 140ff.; Hartwig Brandt, Landständische Repräsentation im deutschen Vormärz, Neuwied 1968; Hans Boldt, Deutsche Staatslehre im Vormärz, Düsseldorf 1975; mein Aufsatz: Volkssouveränität und Theorie der parlamentarischen Vertretung. Zur Theorie der Volksvertretung in Deutschland 1815–1848, in: Karl Bosl (Hrg.), Der moderne Parlamentarismus und seine Grundlagen in der ständischen Repräsentation, Berlin 1977, S. 297ff. Hartwig Brandt, Einleitung zu „Restauration und Frühliberalismus 1814–1840“ (Quellen zum politischen Denken der Deutschen im 19. und 20. Jahrhundert, Bd. 3) Darmstadt 1979, S. 20ff.

[30] Politische Romantik, 1. Aufl. München u. Leipzig 1919; 2. Aufl. 1925.

[31] Schmitt, 2. Aufl. (Anm. 30), S. 153ff., 160, 170, 177. S. 115ff. spricht C. Schmitt von der occasionalistischen Struktur der Romantik, die zwischen mehreren Realitäten verbleibt, um die Probleme in einer höheren Vorstellung aufzulösen, wobei die Subjektivität der Wahl der Ausgangspunkte betont wird.

Romantiker glaubt an die französische Revolution, schließt sich dann aber später der antirevolutionären Auffassung an, um sich endlich mit einer halb feudalen, halb ständischen Idee der Monarchie zu verbinden. Das romantische Lebensgefühl vermag sich also je nach den bestehenden Bedingungen mit verschiedenen politischen Zuständen und Theorien zu verknüpfen, es paßt sich der Umwelt an.[32]

Die Schrift von Carl Schmitt ist auf einem breiten Unterbau geistesgeschichtlicher und biographischer Daten geschrieben, und sicherlich hebt sie manche Momente in der Erscheinung der romantischen Autoren zutreffend hervor. Es ist richtig, daß viele der Romantiker, die überdies auch aus einem bürgerlichen Milieu kamen, in der sozialen Welt ihrer Tage keine gesicherte und anerkannte Position gewinnen konnten. Sie bildeten eine freischwebende Intelligenzschicht, die nur zu sehr in ihrer Existenz von Aufnahme und Förderung abhing. Das führte im Falle von Kleist schließlich zu Verzweiflung und Untergang, bei Adam Müller, hierin wird man Schmitt nicht ganz Unrecht geben können, zu Erscheinungen der politischen Anpassung.[33] Die führende aristokratische Schicht betrachtete die Schriftsteller als nützliche Gehilfen, denen sie doch im Rahmen der staatlichen Geschäfte nur mehr eine dienende Funktion zubilligte. In einem Briefe vom 3. Januar 1812 schreibt Wilhelm von Humboldt an den Freiherrn vom Stein über einen Gelehrten: „Was Eure Excellenz mir in Ihrem letzten Briefe über die Schädlichkeit der Sucht der Gelehrten, sich in die vornehme Gesellschaft einzumischen, sagen, ist mir wie aus der Seele gesprochen gewesen", und er fügt hinzu, daß ein bestimmter (nicht genannter) Gelehrter glücklicherweise jetzt an seinen Schreibtisch zurückgekehrt sei, um ein Werk über Papiergeld zu schreiben.[34] Wenn ein vornehmes Publikum, Beamte, Diplomaten, Männer und Frauen der führenden Stände, den Vorträgen Adam Müllers in Dresden und Friedrich

[32] C. Schmitt S. 56ff., 149ff.

[33] So weist C. Schmitt (S. 66ff.) auf das Angebot hin, das Adam Müller 1811 dem preußischen Staatskanzler Hardenberg für eine Vertretung des Regierungsstandpunktes machte, obwohl er vorher die oppositionellen Richtungen unterstützt hatte. Siehe hierzu Jakob Baxa, Adam Müller. Ein Lebensbild, Jena 1930, S. 124ff.; Zu Müllers Bündnis mit der agrarbesitzenden Opposition siehe Ernst Hänisch, Der „vormoderne" Antikapitalismus der politischen Romantik. Das Beispiel Adam Müller, in: Richard Brinkmann (Hrg.), Romantik in Deutschland, Stuttgart 1978, S. 140f.

[34] Brief Wilhelm v. Humboldts an den Frhrn. v. Stein v. 3. 1. 1812, abgedruckt bei G. H. Pertz, Das Leben des Ministers Freiherrn vom Stein, Berlin 1851, Bd. 2, S. 594 (596). Mit diesem Gelehrten könnte Adam Müller gemeint sein, der 1816 eine Theorie des Geldes veröffentlichte. Auch Metternich, der Ad. Müller und Fr. Schlegel verwendete, erblickte in ihnen vorwiegend nur für literarisch-propagandistische Zwecke verwendbare Kräfte. Als Müller als Konsul in politische Schwierigkeiten kam, wurde er fallen gelassen. Siehe J. Baxa, Müller (Anm. 33), S. 315; Heinrich Ritter von Srbik, Metternich, München 1925, Bd. 1, S. 519f.

Schlegels in Wien lauschten, so spricht das für das Niveau einer Gesellschaft, die geistige Anregungen zu würdigen und aufzunehmen verstand. Das besagt aber nichts über die Abhängigkeit und die Stellung, in der sich der Vortragende gegenüber dieser Führungsschicht befand.[35] Auch hat Carl Schmitt sicherlich zutreffend beobachtet, daß manche der romantischen Autoren wenig zu praktischer staatlicher Tätigkeit taugten, obwohl man hier darauf hinweisen kann, daß E. T. A. Hoffmann ein vorzügliches Ansehen als Mitglied des Kammergerichts besaß[36] und Eichendorff seine lange Amtszeit erfolgreich ablegte. Adam Müller gelang es, österreichischer Generalkonsul in Dresden zu werden, eine Stellung, in der er sich in manche Schwierigkeiten verwickelte[37], Friedrich Schlegels Laufbahn als Sekretär der österreichischen Bundestagsgesandtschaft in Frankfurt 1815–17 konnte schwerlich ein großer Erfolg genannt werden.[38] Metternich sorgte für sein anderweites Unterkommen, aber er hat ihn nicht mehr zu staatlichen Aufträgen verwandt. Indes kennt auch unsere Gegenwart erfolglose Laufbahnen von Professoren und Schriftstellern in der politischen Landschaft.

Die Auffassung von Carl Schmitt, daß die Romantik im Grunde keine eigene politische Anschauung hervorgebracht habe, weil sie nur die Richtungen der Zeit wiederspiegele, weil sie das Spiel der Phantasie proteushaft entfaltet und vergeblich nach einem festen Halt gesucht habe, wird auch von Walzel[39] geteilt. Im wesentlichen hat sie aber keine Zustimmung in der Literatur gefunden, und wie ich meine zu Recht.[40] Ungeachtet aller Subjektivität und aller Ironie und aller Vermischung von Wirklichkeit und Traum wie der Tendenz zur Verschmelzung der Gegensätze zeigt das romantische Denken doch bestimmte erkennbare politische Linien, vor allem dort, wo es sich wie bei Novalis, Friedrich Schlegel, Görres, Uhland, Eichendorff ausführlich und unmittelbar zu Gegenständen der Geschichte und der staatlichen Wirklichkeit äußert. Diese Auffassungen sind nicht übereinstimmend in ihrer politischen Orientierung, aber sie weisen gemeinsame Grundanschauungen auf. Sie entspringen einer tieferen Auseinandersetzung mit der natürlichen und geistigen

[35] C. Schmitt S. 16f., 50ff.

[36] Siehe Blomeyer (Anm. 28), S. 15ff.

[37] Doch weist Behler (Anm. 8), Bd. VII, S. CXff. darauf hin, daß Fr. Schlegel, der in seiner diplomatischen Position bei der österreichischen Vertretung beim Deutschen Bund nicht sehr erfolgreich war, immerhin durch journalistische Tätigkeit und Einflußnahme auf Presseorgane dem österreichischen Standpunkt nützliche Dienste leistete.

[38] Behler (Anm. 37), S. CXIVf.

[39] Oskar Walzel, Wesensfragen deutscher Romantik (1929), hier nach Prang, Begriffsbestimmung (Anm. 9), S. 183ff.

[40] Gegen die Thesen Carl Schmitts wenden sich Georg v. Below, ZGStW 81 (Abdruck bei Prang S. 136f.); W. Linden, Umwertung der deutschen Romantik (1933), dort S. 246; Klaus Doderer, Das englische und französische Bild von der deutschen Romantik (1955),

Erscheinungswelt, die den Menschen in seinen Lebensbereich hineinstellt und Gedanken über das soziale und staatliche Zusammenleben entwirft. Daß sich die politischen Anschauungen der einzelnen Schriftsteller veränderten, war kein Wunder in einer Zeit so tiefer Umwälzungen. Alle Zeitgenossen haben sich in Deutschland zunächst den Ideen der französischen Revolution zugewandt und sind im Laufe dieses Vorgangs erst wieder von dieser Haltung zurückgekommen. Die allmähliche Abwendung von einem frühen ausgeprägten Subjektivismus und Zukehr zur Anerkennung der Einbindung des Menschen in feste Zusammenhänge des Staates und des Volkes ist schon in der Frühromantik angelegt und entsprach der grundlegenden Bewegung der philosophischen Anschauung der Zeit. Bei den theoretisch reflektierenden Romantikern bleibt das Interesse am Staat und an staatlichen Fragen in ihrem Leben konstant. Bei denjenigen, die wie Tieck oder Arnim sich zu allererst in Dichtung und Roman aussprechen, lassen sich die Anschauungen zu staatlichen und sozialen Fragen nur aus einzelnen Partien erschließen, wie etwa in Arnims „Gräfin Dolores" aus der Figur des Grafen das Vorbild eines für seine Güter in fortschrittlicher und humaner Weise sorgenden Edelmannes zu gewinnen ist.[41] Bei Görres und Kleist durchzieht das politische Motiv das gesamte Werk, so wie es ein stetes Begleitmoment auch bei Eichendorff vor allem in späteren Jahren wird. Von einer politischen Romantik zu sprechen, ist also, so meine ich, durchaus berechtigt.

Es läßt sich also hinsichtlich der Haltung der Romantik zu den Fragen des staatlich-politischen Bereiches feststellen:

a) Die Romantik entfaltet als künstlerische Bewegung ein neues starkes Lebensgefühl, das den menschlichen Dingen von einem inneren Erleben her eine tiefere und reichere Verwirklichung zu geben sucht. Damit verbindet sich bei manchen Romantikern ein lebendiges philosophisches, später auch theologisches Denken, in das auch Vorstellungen über den Staat und das politische Zusammenleben einbezogen sind.

dort S. 392. Eine Ablehnung der These, daß die Romantik subjektivistisch-ästhetisch verfahren und der Politik sich nur angepaßt habe, auch bei Wolfgang Schieder, R. im Spannungsfeld von sozialem Wandel und Stagnation, in Brinkmann, Romantik (Anm. 33), S. 39ff. Gegen den Vorwurf des Occasionalismus auch dort Günter Birtsch, Aspekte des Freiheitsbegriffs der deutschen Romantik, S. 47.

[41] Achim von Arnim, Gräfin Dolores, Romane u. Erzählungen, hrsg. v. Walter Migge (München 1911). Der Graf widmet sich einer planmäßigen Verwaltung seiner Güter (Bd. 1, S. 159), er läßt das Erntefest feierlich begehen (Bd. 2, S. 29), kümmert sich um die Erziehung der Landjugend (Bd. 2, S. 243; Abt. III, Kap. 3). In dem Roman wird auch die Verschmelzung des Adels mit dem Bürgertum vertreten (Abt. II, Kap. 18). Im Roman „Die Kronenwächter" wird das Mittelalter in Rittertum und Handwerk verherrlicht.

b) Die Romantiker waren imstande, einige ihrer Gedanken, obwohl sie kein System ausbildeten, so stark auszuprägen, daß hiervon eine Einwirkung auf die allgemeine Anschauung im politischen Bereich ausging, die, freilich mit erheblicher zeitlicher Verzögerung, auch in der politischen Theorie und der Staatslehre ihren Ausdruck fand. Mit dieser Ausstrahlung auf ihre Zeit standen die Romantiker stets in Konkurrenz mit anderen und gleichzeitigen Gedankenströmungen. Sie haben die geistige Welt ihrer Epoche immer nur mitgestaltet, niemals beherrscht.

Welches sind nun die politischen Vorstellungen der romantischen Richtung? Ich möchte mich im Folgenden vor allem vier Zusammenhängen zuwenden:

1. Zunächst tritt hervor die grundsätzliche Ablehnung der voraufgehenden rational-vernünftigen Ansicht vom Staate als einer Vereinigung zur Sicherung der Bürger und zur individuellen Wohlfahrt des einzelnen. Stattdessen wird im Staat ein Urelement menschlichen Lebens, eine notwendige Form der Einbindung des einzelnen gesehen[42], die nicht auf rationaler Berechnung, sondern auf einer Gesinnung, auf Glauben und Liebe beruht.

2. Aus der philosophischen Sicht in die Geschichtlichkeit des menschlichen Daseins ergibt sich die Zuwendung zur Geschichte, die nicht mehr als moralisches Paradigma, sondern als Entfaltung des Menschen aufgefaßt wird und daher zugleich den Blick in die Zukunft öffnet.[43] Die Wendung zur Geschichte führt die Romantiker zum Gedanken an das alte Reich und zu einer Hochschätzung des Mittelalters, aus der für die Staatsphilosophie und die Geschichtswissenschaft des 19. Jahrhunderts wichtige Impulse entspringen.

3. Da die romantische Anschauung den einzelnen Menschen in ein Kontinuum der Gemeinschaft einfügt, erkennt sie auch die aus Natur und Kultur geformte Gemeinschaft des Volkes an, die sie nicht wie die Auffassung der französischen Revolution auf den politischen Körper bezieht, sondern mit einer kulturellen und sprachlichen Gemeinsamkeit gleichsetzt.[44] Hier wird der

[42] Einfügung des Menschen in die Gemeinschaft des Staates bildet einen wesentlichen Grundzug der Anschauung von Adam Müller: Elemente der Staatskunst, hrsg. v. Jakob Baxa, Jena 1922, Bd. 1, S. 27f., 49f.

[43] Friedrich Schlegel, Krit. Ausg. (Anm. 8), Bd. VII, Über „Esquisse d'un tableau historique des progrès de l'esprit humain“ von Condorcet (1795), S. 4: Geschichte hängt mit der Entwicklung des menschlichen Vermögens in der Welt und in der Zeit zusammen. Die Veränderungen des Menschen sind der Gegenstand einer wissenschaftlichen Geschichte der Menschheit. In Schellings System des transzendentalen Idealismus (1800) ist Geschichte keine absolute Gesetzmäßigkeit, aber auch nicht absolute Freiheit. Das Progressive in der Geschichte ist keine Gesetzmäßigkeit, die die freie Tätigkeit nach bestimmten Handlungen fest umschreibt. Der Mensch hat Geschichte, weil sich, was er tun wird, nicht nach einer Theorie vorausberechnen läßt (Werke, hrsg. v. Otto Weiss (Phil. Bibl. Nr. 135), Leipzig 1907, Bd. 2, S. 262).

Grund zu einer folgenreichen Ausgestaltung des Gedankens der Nation gelegt, der das Denken des 19. Jahrhunderts zur nationalen Frage in Deutschland tiefgehend geprägt hat.

4. Endlich führt die Romantik zu einer Belebung des religiösen Gefühls. Zunächst wird, wie bei Schleiermacher, sehr stark auf die subjektive Empfindung abgestellt, doch treten in der späteren, durch individuelle religiöse Erlebnisse und Wandlungen bedingten Zeit die Verbindungen des Staats mit der Religion im Bilde des christlichen Staates stark hervor.[45] Diese Seite des romantischen Denkens, die eng mit der Restauration verbunden ist, hat auf die religiöse Entwicklung eingewirkt, verliert dagegen um die Mitte des Jahrhunderts den Einfluß auf das politische Denken in weitgehendem Maße. Diese Seite kann hier nur kurz berührt werden, weil sie in breitere Erörterungen der religiösen Seite der Romantik wie der Erneuerung des religiösen Denkens in der ersten Hälfte des 19. Jahrhunderts führen würde.

[44] Schlegel, Über die neuere Geschichte (1810/11) 9/10, Vorlesung über „Nationalgeist und Kulturzustand der Völker" (Krit. Ausg. – Anm. 8 – Bd. VII, S. 251). Görres, Resultate einer Reise nach Paris (1800): Ges. Schriften, hrg.. v. Marie Görres, München, Bd. 1 (1854), S. 97. Deutschland und Frankreich sind durch Sprache und Nationalgeist getrennt. Eichendorff, Sollen wir England nachahmen? (Werke, hrsg. v. Wilhelm Koch, Bd. 10, Regensburg 1911, S. 325): Eine Verfassung muß Ausdruck der Individualität eines Volkes sein.

[45] Fr. Schlegel, Signatur des Zeitalters (1820–23), Krit. Ausg. (Anm. 8), Bd. VII, S. 563ff. zur Ausbildung des christlichen Staates. Es ist bemerkenswert, daß gerade diese religiöse Entwicklung Schlegels seinem Auftraggeber Metternich durchaus fremd blieb, der im rationalen Denken der späten Aufklärung verharrte. Vgl. H. v. Srbik (Anm. 34), Bd. 1, S. 308ff.

II. Die Bekämpfung des Rationalismus der Aufklärung und des naturrechtlichen Staatsbildes

Das Bild des Staates, das die Romantiker entwarfen, ist das einer erlebten personalen Gemeinschaft, die sich in einer lebendigen Staatsgesinnung entfaltet. Diese Vorstellung trat damit in klaren und bewußten Gegensatz zu der in der Rechtslehre und Theorie des 18. Jahrhunderts herrschenden Sicht des späten Naturrechts, die im Staate eine auf Vereinbarung gegründete rationale Vereinigung erblickte. Mit wirklicher Leidenschaft wandten die Romantiker sich gegen die rationalen Tendenzen der Aufklärung[46] mit ihrem Glauben an die Vernunft, ihrer rationalen und utilitaristischen Umschreibung der Staatszwecke in der Richtung auf ein bürgerliches Sicherheitsbedürfnis. In dem umfassenden und eindringlichen Rückblick auf die romantische Bewegung, die Joseph von Eichendorff im Jahre 1847 veröffentlichte, als die Woge dieser Strömung verrauscht war, hat er diesen Zug der Romantik besonders hervorgehoben: „So hatten nun allerdings die Romantiker – und hier erscheinen sie durchaus liebenswürdig – den Rationalismus aus allen seinen Positionen und Verstecken in Religion, Politik, Haus, Erziehung und Sitte unbarmherzig herausgejagt: vielleicht das ergötzlichste Halali, das jemals durch die Literatur erklungen."[47]

Werfen wir zunächst zum Verständnis einen Blick auf den Stand der Lehre in Deutschland am Vorabend der französischen Revolution. Gab es damals eine theoretische Lehre vom Staat? Wir können das bejahen, wiewohl alsbald festzustellen ist, daß sie sich im wesentlichen nur in der Einleitung zu den naturrechtlichen Grundanschauungen entfaltete, die eigentliche politische

[46] Daß das 18. Jahrhundert bereits starke irrationale Strömungen und gefühlsbedingte Momente gegenüber rationalistischen Tendenzen zur Geltung brachte, darauf hat in der Diskussion Fritz Schalk hingewiesen. Siehe auch ders. (Anm. 7), S. 236ff. Auch der Zugang zur Geschichte wird schon von Montesquieu und Herder eröffnet. Wie es bei einem polemischen Ausdruck des Gegensatzes zum Bisherigen oftmals geschieht, haben die Romantiker vor allem die rationalistische Seite, das Mechanische der voraufgehenden Epoche betont.

[47] Joseph Frhr. v. Eichendorff, Über die ethische und religiöse Bedeutung der neueren romantischen Poesie in Deutschland, Leipzig 1847, S. 280.

[48] Während der Großen Revolution der Mitte des 17. Jahrhunderts führte diese Diskussion zu grundsätzlicher Infragestellung der überkommenen Ideen einer göttlichen Einsetzung der Herrscher (divine right) und zur Ausbildung eines aus dem Vertragsgedanken aufgebauten Staatsdenkens, zu dem auch Freiheitsrechte der Bürger gehörten. Die Restauration kehrte zur Theorie des göttlichen Grundes der Herrschaft und des passiven Gehorsams zurück und dies blieb auch die Grundlage der Tories in ihrem langen Widerstreit mit der die Prinzipien der Revolution vertretenden whiggistischen Richtung nach 1688,

Theorie dagegen in Deutschland nur eine begrenzte Ausbildung und Verbreitung besaß. Hier bestand ein erheblicher Abstand zu den westlichen Ländern. In England war seit dem späten 16. Jahrhundert, dann vor allem während und im Gefolge der Großen Revolution des 17. Jahrhunderts und wiederum im Anschluß an den Thronwechsel von 1688 eine politische Theorie entstanden, die den Staat, seine Formen und die Grundlagen der staatlichen Einrichtungen wie des bürgerlichen Gehorsams behandelte. Sie reichte von Hobbes über Milton, Harrington und Algernon Sidney bis zu John Locke und Bolingbroke und zeichnete, vor allem in der Auffassung der älteren Whigs, in Fortführung einer aristotelischen Grundlage das Bild eines freiheitlichen, aus dem Staatsvertrag hervorgehenden Gemeinwesens, in dem die Bürger ihre natürlichen Rechte bewahrten, und das im Rahmen einer gemischten Staatsform, d. h. eines gemäßigten Staatswesens, die monarchische Gewalt in Schranken hielt.[48] Wenn Hobbes durch seine Herleitung des Staates aus der Verbindung der einzelnen stärker über Pufendorf auf die deutsche Lehre eingewirkt hat[49], so blieb die Aufnahme späterer englischer Anschauungen, vor allem derjenigen Lockes, in Deutschland begrenzt, obwohl sie gerade bei dem wichtigsten deutschen Philosophen des 18. Jahrhunderts, bei Christian Wolff, nachweisbar ist.[50] In Frankreich hat der zur Herrschaft gelangte Absolutismus nach seiner Vorbereitung durch Jean Bodin keine dieser weit ausstrahlenden Staatsgestaltung adäquate Theorie hervorgebracht.[51] Hier setzte vielmehr im Laufe des 18. Jahrhunderts eine Wende zu einer kritischen Betrachtung des bestehenden Systems ein, die sich gegen die unbeschränkte Macht des Absolutismus wandte, eine durch die Mitwirkung intermediärer Körper gemilderte Macht auf dem Boden einer Teilung der Macht empfahl, wie Montesquieu, dessen Gedanken stark nach Deutschland herüber einwirkten, oder

welch letztere sich auf den Staatsvertrag, das Widerstandsrecht und die Möglichkeit einer Absetzung des tyrannischen Monarchen stützte. Siehe hierzu J. P. Kenyon, Revolution Principles. The Politics of Party 1680–1720, Cambridge 1977, S. 35ff., 61ff.

[49] Zur Beziehung von Hobbes zu Pufendorf siehe Horst Denzer, Moralphilosophie und Naturrecht bei Samuel Pufendorf (Münchener Schriften zur Politik, Bd. 22), München 1972, S. 64, 71, 107f., 164ff.

[50] Siehe hierzu Marcel Thomann, Christian Wolff, in: Michael Stolleis (Hrsg.), Staatsdenker im 17. und 18. Jahrhundert, Frankfurt 1977, S. 256. Auf Einfluß von Locke auf andere (Garve) weist hin Stolleis, Staatsraison, Recht und Moral in philosophischen Texten des späten 18. Jahrhunderts, Meisenheim am Glan 1972, S. 29f.

[51] Die bedeutendste Leistung der Theorie des hohen Absolutismus in Frankreich, die Schrift des Bischofs Jean-Bénigne Bossuet, Politique tirée des propres paroles de l'Ecriture Sainte 1709 (Krit. Ausgabe von Jacques Le Brun, Genf 1967) gibt zwar ein klares Bild des absoluten Regimes, das auf den Fürsten zentriert ist, hat aber nicht den Rang der früheren und späteren staatstheoretischen Literatur. Dasselbe gilt von Robert Filmer, Patriarcha in England, dessen Werk indes – ungeachtet der Kritik Lockes – bis ins 18. Jahrhundert verbreitet blieb. Siehe Kenyon (Anm. 48), S. 62ff.

radikalere Vorstellungen einer Volksherrschaft entwickelte, wie Rousseau, der gleichfalls in Deutschland weithin bekannt wurde.[52]

Demgegenüber bot die deutsche Staatslehre, die wir teils in den Werken über das Naturrecht, teils in denen zur Cameral- und Polizeiwissenschaft finden[53], den Anblick einer stärker traditionell verhafteten Anschauung. Sie führt den Aristotelismus des 16. und 17. Jahrhunderts[54] in einer naturrechtlich geformten Weise fort. Anknüpfend an Pufendorf und Thomasius und weithin beeinflußt von den Lehren Christian Wolffs, bettet sie den Staat in eine Lehre von den menschlichen Vereinigungen (societates) ein, die auf dem Willen der Menschen beruhen. Für den Staat ist der von einem Unterwerfungsvertrag gefolgte Staatsvertrag die Grundlage, sein Wesen ist bestimmt durch seine Zwecksetzung, die in der Sicherstellung von Leben und Eigentum und in der Wohlfahrt seiner Glieder besteht.[55] Die rationale Zwecksetzung

[52] Schon 1770 setzt sich Wieland mit Rousseau und seiner Idealisierung des Naturzustandes der Wilden kritisch auseinander, betont dabei aber die „Güte seiner Absicht": Betrachtungen über J. J. Rousseaus ursprünglichen Zustand der Menschen, Sämtl. Werke, hrsg. v. I. G. Grube, Leipzig 1825, Bd. 30, S. 10ff. Wieland, den man nicht zur Romantik zählen kann, gehört noch der Aufklärung an. Siehe hierzu R. Schnur, Tradition und Fortschritt im Rechtsdenken Christoph Martin Wielands, in: Tradition und Fortschritt im Recht, Festschrift zum 700jähr. Bestehen der Univ. Tübingen, Tübingen 1975, S. 94ff.

[53] Als führende Werke der spätnaturrechtlichen Richtung lassen sich nennen: Daniel Nettelbladt, Systema elementare universae iurisprudentiae naturalis, 4. Aufl. Halle 1767 (1. Aufl. 1748); Gottfried Achenwall, Ius Naturae, 5. Aufl. Göttingen 1763 (1. Aufl. 1763); Joachim Georg Daries, Institutiones iurisprudentiae universalis, 3. Aufl. Jena 1768; A. Frhr. von Martini, Allgemeines Recht der Staaten, Wien 1788; August Ludwig v. Schlözer, Allgemeines Staatsrecht und Staatsverfassungslehre, Göttingen 1793. Von einer anderen Richtung her wird der Staat mehr unter dem Gesichtspunkt der Regierungskunst und der praktischen Administration (Polizei) her behandelt durch die Autoren der Kameralistik und Polizeiwissenschaft. Ein Beispiel bietet Carl von Justi, Natur und Wesen der Staaten, Mitau 1771 (Neudruck Aalen 1969) und auch v. Martini, Erklärung der Lehrsätze über das allgemeine Staats- und Völkerrecht, Wien 1791 (Neudruck Aalen 1969). Zu dieser Richtung der älteren Staatslehre siehe Hans Maier, Die ältere deutsche Staats- und Verwaltungslehre, Neuwied 1966, S. 213ff. sowie meine Darlegung: Robert von Mohl: Die Begründung einer Verwaltungslehre und einer staatswissenschaftlichen Politik, in: 500 Jahre Eberhard-Karls-Universität Tübingen, Beiträge zur Geschichte der Univ. Tübingen, Tübingen 1977, S. 515ff. Siehe ferner Link (Anm. 22), S. 53ff.

[54] Zur aristotelischen Richtung vgl. Horst Dreitzel, Protestantischer Aristotelismus und absoluter Staat, Wiesbaden 1970, S. 53ff.

[55] Achenwall (Anm. 53), Bd. 2, § 85, S. 65: „Omnium hominum scopus seu finis primarius atque supremus est felicitas, speciatimque, sic ubi nempe a beatitudine atque a vita post mortem cogitanda discesseris, felicitas externa (prosperitas)." und § 86, S. 66: „Est vero civitas (res publica late d.) plurium familiarum ad persequendam felicitatem externam societas inaequalis." Martini, Recht des Staates (Anm. 53), S. 6: „Eine Vereinigung mehrerer freier Menschen, die sich ihrer Sicherheit wegen einer gemeinschaftlichen Oberherrschaft unterworfen haben, ist ein Staat." S. 8: „Der eigentliche Hauptzweck des Staates, wie schon bemerket worden, ist die Sicherheit." Vgl. zu dieser Zweckrichtung des Staates

des Staates ist die Herbeiführung des mit dem Gedanken der Glückseligkeit, zu dem ältere noch theologisch gefüllte Vorstellungen der Bestimmung des Staates nun säkular und individualistisch abgeflacht sind[56], bezeichnete Wohlergehen der Bürger. Die Macht im Staate aber wird durch den Unterwerfungsvertrag dem Souverän übertragen; insofern bleibt die deutsche Lehre durchaus im Zusammenhang des absoluten Fürstenstaates, dessen Anschauungen sie zwar erneuerte und modernisierte, mit dem sie sich aber sehr wohl zu verbinden wußte.[57] Mit dem Eintritt in die politische Gemeinschaft des Staates wird die natürliche Freiheit des Menschen durch seinen politischen Status überlagert, und es bleibt ihm an Freiheit nur das, was nicht durch die politischen Aufgaben der Gemeinschaft ergriffen wird. Die Idee fortbestehender menschlicher Grundrechte wurde in der deutschen Theorie erst in dem letzten Jahrzehnt vor 1789 in Ansätzen aufgenommen.[58]

auch Diethelm Klippel, Politische Freiheit und Freiheitsrechte im deutschen Naturrecht des 18. Jahrhunderts, Paderborn 1976, S. 51ff.

56 Zur Herkunft des Zieles der felicitas siehe Anm. 22. Der Begriff findet sich auch bei Pufendorf (vgl. Denzer (Anm. 49), S. 79f.) und bestimmt die Staatszwecklehre der Aufklärung. Diese scheidet die beatitudo als moralische Vervollkommnung von der äußeren felicitas, der Glückseligkeit. Hierzu Christian Wolff, Institutiones juris naturae et gentium, 1750 (Ausg. Thomann, Hildesheim 1969) § 118 und dazu Hans-Martin Bachmann, Die naturrechtliche Staatslehre Christian Wolffs, Berlin 1977, S. 89ff. Siehe auch mein „Staatszwecke", Gedächtnisschrift Conrad (Anm. 22), S. 481ff.; Link (Anm. 22), S. 136ff.

57 Während in Frankreich die Theorie der Aufklärung sich in zunehmendem Maße kritisch gegen das Regime stellte, blieb die bürgerliche Aufklärung in Deutschland in Verbindung mit dem bestehenden Staate und fand in den Reformen des sog. aufgeklärten Absolutismus eine gewisse Erfüllung. Sie mündete – was in gewissem Umfang auch für Frankreich gilt – in die Aufnahme ihrer Gedanken durch die leitende Beamtenschaft der Staaten ein. Siehe Hans Rosenberg, Bureaucracy, Aristocracy and Autocracy. The Prussian Experience 1660–1815, Cambridge (Mass.) 1958, S. 175ff.; Rudolf Stadelmann, Deutschland und Westeuropa, Laupheim 1948, S. 14ff.; Volker Sellin, Friedrich der Große und der aufgeklärte Absolutismus. Ein Beitrag zur Klärung eines umstrittenen Begriffs, in: Ulrich Engelhardt, Volker Sellin, Horst Stuke (Hrsg.), Soziale Bewegung und politische Verfassung, Stuttgart 1976, S. 83ff., 106ff.

58 Nach der Lehre der deutschen Naturrechtler geht die natürliche Freiheit im Staate auf in die bürgerliche Freiheit im Staat und läßt nur dasjenige residuum libertatis naturalis bestehen, das die staatliche Ordnung nicht berührt. Vgl. Achenwall (Anm. 53), Buch 3, § 107, S. 89: „Residuum libertatis naturalis, quod subditis civilibus qua talibus competit, vocatur libertas civilis. Ergo subiectione civili imminuitur quidem libertas naturalis, non vero omnis tollitur"; Nettelbladt (Anm. 53), § 213, S. 84. Siehe hierzu auch Klippel (Anm. 55), S. 59ff. Auf Ansätze der Aktualisierung der natürlichen Rechte im späten Naturrecht weist hin Klippel S. 114ff. Wenn er aber hierbei auf Werke verweist, die Kataloge der Menschenrechte entwickeln, so liegt deren Erscheinen durchweg nach 1789. Es bedürfte daher der Prüfung, wieweit sich hier der Einfluß der französischen Revolution geltend gemacht hat. Die von Christian Wolff entwickelten angeborenen Menschenrechte, die an verschiedenen Stellen seines Systems erscheinen (siehe die Übersicht bei Bachmann (Anm. 56), S. 107ff.) gehören dem philosophischen Status des Menschen an und sind nicht als Rechtsgewährleistungen ausgebildet. Wenn schließlich Christoph Link

Im Ganzen gab diese Lehre die Realität des deutschen Fürstenstaates wieder. Die im Westen anklingenden Ideen einer in die Mitwirkung an der Staatsleitung mündenden Freiheit hatte sie nicht aufgenommen. Stattdessen war in Deutschland der Bereich der bürgerlichen Freiheit eher negativ, als ein Reich des ungestörten bürgerlichen Besitzes und Lebens, ausgestaltet worden, im Sinne eines vom Staate abgewandten Reservates der privaten Freiheit.[59] Für die deutsche Lehre fällt die Begründung des Staates mehr oder weniger mit der Übertragung der Gewalt auf den Monarchen zusammen, der Gedanke der Beschränkung und Mäßigung der staatlichen Gewalt wird noch wie in der älteren Anschauung vor allem in der Lehre von den Pflichten des Herrschers gesucht.[60] Eine despotische unbeschränkte Gewalt indes fand im späteren 18. Jahrhundert allgemeine Ablehnung.[61] Der von Friedrich dem Großen geäußerte Gedanke, daß der Fürst Diener des Staates sei, wurde aufgenommen.[62] Man hat, ich darf in diesem Kreise auf die in ihm gehaltenen Vorträge von Hermann Conrad erinnern[63], das in den Schriften des späten Naturrechts gezeichnete Bild des Staates, auf dem im wesentlichen auch das Werk der preußischen Kodifikation des Allgemeinen Landrechts fußt, als eine vorbereitende Entwicklung rechtsstaatlicher Tendenzen gedeutet. Man darf aber ungeachtet dieser Bewegung auf eine Sicherung einer festen Gesetzlichkeit zu nicht übersehen, daß Wirklichkeit und Theorie an der vollen Machtvollkom-

meint, grundrechtliche Sicherungen seien in den von der Lehre des 18. Jahrhunderts anerkannten, nur unter besonderen Voraussetzungen zu einziehenden iura quaesita, den wohlerworbenen Rechten zu erblicken (Menschenrechte und bürgerliche Freiheit, in: Menschenwürde und freiheitliche Rechtsordnung, Festschrift für Willi Geiger, Tübingen 1974, S. 277ff.; ders.: Herrschaftsordnung (Anm. 22), S. 166ff., 174ff.), so ist dem entgegenzuhalten, daß es sich hier nicht um natürliche, bei der Staatsgründung vorbehaltene Rechte handelt, sondern um positive Gewährungen, deren besonderer Schutz im Privatrecht, in der Sicherung der privaten Sphäre liegt. Der besondere Schutz der privaten Rechte gehört bereits der Lehre des 16. Jahrhunderts zu. Vgl. Jean Bodin, Six livres de la République, Ausg. Paris 1583 (Neudruck Aalen 1961), Buch 2, Kap. 2, S. 275 und dazu Julian H. Franklin, Jean Bodin and the Rise of Absolutist Theory, Cambridge 1973, S. 85f. Dieser Eigentumsschutz der Untertanen ist gewiß eine Grenze für den Fürsten, aber er entspringt nicht einer grundrechtlichen Theorie. Daß sich einige Ansätze der Vorstellung natürlicher Freiheit in der zweiten Hälfte des 18. Jahrhunderts in Deutschland finden, darauf weist Link, Herrschaftsordnung (Anm. 22, S. 144ff.) hin, aber diese Äußerungen bleiben unbestimmt und verfestigen sich erst am Ausgang des Jahrhunderts, zumeist nach der französischen Revolution.

[59] Vgl. Rudolf Smend, Bürger und Bourgeois im deutschen Staatsrecht (1933), in: Staatsrechtliche Abhandlungen, 2. Aufl. Berlin 1968, S. 313ff.; ferner Klippel (Anm. 55), S. 174ff. (Verinnerlichung des Freiheitsbegriffs).

[60] In der Tat steckt in der alten Lehre von den Pflichten des Herrschers, die seit den Fürstenspiegeln des Mittelalters tradiert wird, ein materialer Ansatz zur Sicherung der Untertanen von diesen Pflichten her. Für das 18. Jahrhundert siehe v. Justi (Anm. 53), Hauptstück 7, Abschnitt 3: Von den Pflichten des Regenten gegen die Untertanen (Beförderung

menheit des Herrschers festhielten, daß die Stellung der Bürger noch durchaus in einer passiven Einordnung ohne die Forderung einer aktiven Teilnahme gesehen wurde, daß die ständische Gliederung bestehen blieb. Es dauerte mithin der Charakter einer absoluten Herrschaft fort, und daran haben die Inhaber der staatlichen Macht auch bei der nach der französischen Revolution abgeschlossenen Redaktion des preußischen Gesetzbuches keine Änderung vorgenommen. Der deutsche Fürstenstaat der deutschen Aufklärung blieb ein Staatswesen absoluter monarchischer Gewalt, hielt an der ständischen Gliederung der Bevölkerung fest, nahm aber die Lehren des rationalen Naturrechts mit ihrer weiten Umschreibung der Staatszwecke im Sinne der Fürsorge für die Wohlfahrt auf, die den Bürger einer weitgespannten wohlwollenden Aktivität und Lenkung des Staates unterwarf.[64]

Ein Zug freilich zeichnete die deutsche Anschauung vor der des Westens aus. In ihr blieb das Erbe der reformatorischen Pflichtenlehre lebendig, die auch die Stellung des Herrschers im Sinn einer väterlichen Vorsorge für die Untertanen zeichnete.[65] Daraus leitete die deutsche Theorie, voran Christian Wolff[66], die umfassend als Sorge für Wohlfahrt und Glückseligkeit gedeutete Obhut des Fürsten für sein Land ab, die zusammen mit den rationalen Reformen der aufgeklärten Herrscher dem deutschen Staat – jedenfalls den führenden unter ihnen, Preußen und Österreich – eine in bestimmten Grenzen er-

der Glückseligkeit, Güte, Gerechtigkeit, Mäßigung), S. 315ff.; v. Martini, Recht des Staates (Anm. 53), S. 97ff.

61 v. Justi (Anm. 53), S. 162ff., 269ff.

62 v. Justi (Anm. 53), S. 321. Zur Deutung dieses Wortes Friedrichs II. siehe Sellin (Anm. 57), S. 99f., der an ihm das Wort „erster“ stärker betont und damit die herrscherliche Note unterstreicht.

63 Hermann Conrad, Die geistigen Grundlagen des Allgemeinen Landrechts für die preußischen Staaten von 1794 (Arbeitsgem. f. Forschung NW Heft G 77), Köln u. Opladen 1958, S. 35ff.; Rechtsstaatliche Bestrebungen im Absolutismus Preußens und Österreichs am Ende des 18. Jahrhunderts (Arbeitsgem. f. Forschung NW, Heft G 95), Köln und Opladen 1961, S. 18ff., 27ff.; Staatsgedanke und Staatspraxis des aufgeklärten Absolutismus (RWAkW Heft G 173), Opladen 1971, S. 59ff.

64 Neuere Forschungen zum Allgemeinen Landrecht haben stärker diese Zusammenhänge des Gesetzbuches mit der absoluten Herrschaft und der ständischen Ordnung betont, die sich mit den Bestrebungen nach größerer Rechtssicherheit und Schutz der Eigentumsordnung verband. Siehe Reinhart Kossellek, Preußen zwischen Reform und Revolution, 2. Aufl. Stuttgart 1975, S. 23ff.; Günter Birtsch, Freiheit und Eigentum. Die Erörterung von Verfassungsfragen in der deutschen Publizistik im Zeichen der Französischen Revolution, in: Rudolf Vierhaus (Hrsg.), Eigentum und Verfassung. Zur Eigentumsdiskussion im ausgehenden 18. Jahrhundert (Veröff. d. Max Planck-Instituts für Geschichte, Bd. 37), Göttingen 1972, S. 179ff.

65 In der Diskussion zu dem Vortrag hat Walter Hinck auf die Verwurzelung dieser fürstlichen Pflichtenlehre in Luthers Auffassung der fürstlichen Stellung hingewiesen.

66 Zu der sozialen Ausrichtung der Auffassungen Wolffs vom Wohlfahrtszweck des Staates siehe Bachmann (Anm. 56), S. 233ff.

neuerte Grundlage gab, die auch den Erschütterungen der Revolutionszeit standhielt. Diese Staatsauffassung drückte sich vor allem im Begriff der Polizei, d. h. der Vorsorge für eine allgemeine Landeswohlfahrt aus, deren Aufgabenbereich umfassend gedeutet wurde. In der Folge hat dieser weite Kreis staatlicher Aufgabenstellung das Bild des deutschen Staates ungeachtet liberaler Vorstellungen von einer engen Begrenzung der Staatsaufgaben bis tief in das 19. Jahrhundert hinein bestimmt.[67] Diese weite Verantwortung des Herrschers klingt auch, nun freilich in ganz personaler Wendung auf die Gesinnung und das Vorbild gestellt, bei Novalis an, wenn er in der Schrift „Glauben und Liebe oder der König und die Königin" das Bild eines exemplarischen Herrschers zeichnet.[68] Auf diese aktive Tätigkeit des deutschen Fürstenstaates wies auch in seiner am 1. Oktober 1789 in der Preußischen Akademie der Wissenschaften gehaltenen Rede der Staatsminister Graf von Hertzberg hin, wenn er angesichts der „äußerlichen und inneren Revolutionen der europäischen Staaten" betonte, daß die preußische Regierung keine despotische sei, sondern nach sanften, gemäßigten, gerechten und wohltätigen Grundsätzen verfahre und deshalb stärker und kraftvoller als andere europäische Regierungen sei.[69] Er zählte dabei in einem Anhang seines Vortrages die für wirtschaftliche Förderung aufgewendeten Mittel des Staates auf. Mag in dieser Auffassung auch ein gewisses Maß an politischer Werbung mitspielen, so hat doch Hertzberg darin Recht behalten, daß die preußische Monarchie ebenso wie Österreich die napoleonische Zeit und die schweren Niederlagen dieser Epoche ohne innere Erschütterung überstand. Man mag dies auf einen Zug der wohltätigen aktiven Vorsorge, man mag es auch auf das noch unentwickelte politische Selbstbewußtsein des Bürgertums in Deutschland zurückführen, die Auswirkungen der französischen Revolution leiteten jedenfalls in Deutschland keinen Umsturz ein, sondern bewirkten die Aufnahme ihrer Grundgedanken durch eine von oben her, von einem gebil-

[67] Siehe Wolfgang Rüfner, Formen öffentlicher Verwaltung im Bereich der Wirtschaft, Berlin 1967, S. 17ff., 52ff.; Peter Badura, Verwaltungsrecht im liberalen und sozialen Rechtsstaat, Tübingen 1966, S. 12ff.

[68] Novalis, Glauben und Liebe oder der König und die Königin, Fragmente, gedruckt 1798, in: Die Werke Friedrich von Hardenbergs, hrsg. v. Paul Kluckhohn und Richard Samuel, nebst H. J. Mähl u. G. Schulz, Bd. II, Stuttgart 1965, S. 487/88, Fragment Nr. 15, 17.

[69] Graf von Hertzberg, Abhandlung über das dritte Jahr der Regierung Königs Friedrich Wilhelm II. und zu beweisen, daß die Preußische Regierung nicht despotisch ist. S. 2.

[70] Schon 1793 bemerkte Schlözer (Anm. 53, S. 162), daß das Losungswort des „bedächtigen Deutschen Reformen, aber keine Revolution" sei, und empfahl Reformen, nicht revolutionäre Maßnahmen (S. 166).

[71] Auch hier muß wieder, worauf Prof. Fritz Schalk in der Diskussion aufmerksam gemacht hat, auf die Einseitigkeit des Bildes hingewiesen werden, das sich die Romantiker von der voraufgehenden Periode der Aufklärung machten und das deren irrationalistische, historische und gefühlsbetonte Elemente zugunsten der Betonung des Rationalismus und

deten Beamtentum geleitete Reform. Man muß diesen Hintergrund vor Augen haben, wenn man sich der Staatsauffassung der Romantiker zuwendet. Sie hat eine innere Erneuerung und Beseelung des Staates vor Augen, trägt aber keine Züge revolutionärer Veränderung.[70]

Mit aller Entschiedenheit wandte sich die romantische Staatsauffassung gegen das rationalistische Naturrecht und den ihm eigenen Zug, den Staat als ein mechanisches Kunstwerk, eine große Maschine aufzufassen.[71] Preußen sei, so sagte Novalis, unter Friedrich Wilhelm I. mehr als eine Fabrik verwaltet worden. Er lehnte eine solche maschinistische Administration ab.[72] Und noch in seinen späten Vorlesungen über die Signatur des Zeitalters wandte sich Fr. Schlegel gegen ein System einer bloß mechanischen und maschinistischen Staatsführung. Ähnliche Wendungen durchziehen das Werk Adam Müllers. Daß sich hiermit die Ablehnung der Despotie, d. h. einer unumschränkten willkürlichen Herrschaftsübung verband, ist folgerichtig. Von da aus wird es verständlich, daß Adam Müller in seiner Schrift über Friedrich II. und die Natur, Würde und Bestimmung der Monarchie den König den „ersten und größten Staatsmechaniker" nennt, den die Welt gesehen hat[73], der die Menschen als bloße Zahlen behandelt habe und nach dessen Tode nun die kalkulatorischen Ideen und die Finanzwissenschaften allzusehr die Oberhand gewonnen hätten. Auch bei Heeren finden wir den Vorwurf, der preußische Staat sei nur eine Maschine gewesen, der große König habe sich nicht mit seinem Volke verschmolzen, sei nicht mit der Zeit gegangen.[74] Der Staat des 18. Jahrhunderts habe, so sagt Fr. Schlegel in seinen Vorlesungen von 1810/11, die moralischen Staatskräfte vernachlässigt, sie den materiellen untergeordnet. Die mathematische Sicht des Staates mache das sittliche Gebäude einer menschlichen Gesellschaft wankend.[75] Unter diesem Gesichtspunkt beurteilt Schlegel auch Josef II. kritisch. Er habe die öffentliche Meinung nicht berücksichtigt, seine Reformen hätten zu sehr nur das Alte zerstört.[76]

des Mechanischen zurückdrängte. Schalk wies auf die Momente der Irrationalität bei Diderot hin, die Aufnahme der Tradition und des Geschichtlichen bei Montesquieu und Herder. Zu Diderot siehe F. Schalk (Anm. 5), S. 206ff., zu Montesquieus Zuwendung zur Tradition dort S. 240ff. und Mark Hulliung, Montesquieu and the Old Regime, Berkeley, Los Angeles, London 1976, S. 99ff.

[72] Novalis, Werke (Anm. 3), Glauben und Liebe oder der König und die Königin, Fragment 36, Bd. II, S. 494. Der Sinn des preußischen Systems sei gewesen, jeden durch Eigennutz an den Staat zu binden.

[73] Adam Müller, Friedrich der Große und Preußen (Schriften zur Staatsphilosophie, hrg. v. Rudolf Kohler, München o. J. (1923), S. 110f.

[74] A. H. L. Heeren, Handbuch der Geschichte des europäischen Staatensystems, 5. Ausg. Göttingen 1830 (erste Auflage 1804), Bd. 1, S. 82.

[75] Vorlesungen über die neuere Geschichte (1810/11) 17.–18. Vorlesung, Werke (Anm. 8), Bd. VII, S. 400.

[76] Fr. Schlegel, Vorlesungen über die neuere Geschichte, 20.–21. Vorl., dort S. 403f.

Gegen eine mechanische und rationalistische Staatsauffassung wendet sich die Romantik. Zwar finden wir in Fichtes Grundlagen des Naturrechts[77] oder auch in Fr. Schlegels 1796 veröffentlichtem Versuch über den Republikanismus noch Erinnerungen an naturrechtliche Vorstellungen – bei Schlegel finden sich Übernahmen aus Rousseau, insbesondere dessen „allgemeiner Wille“[78] – selbst bei Novalis entdeckt man im Ofterdingen in der Beschreibung des Königshofes die rationalistische Vokabel der „Glückseligkeit“[79], aber mit den letzten Jahren des Jahrhunderts bricht sich eine neue Konzeption Bahn. Der Staat erscheint nun durchweg als personale Gemeinschaft, in die der Mensch fest eingebettet ist, und die vom Gefühl der Bürger, von ihrer Teilnahme am Staat getragen sein soll.[80] Die Poesie, so sagt Novalis, ist die Basis der Gesellschaft, wie die Tugend diejenige des Staates.[81] Das Betragen des Staates hängt für Hardenberg von der öffentlichen Gesinnung ab, die sich dann vor allem in der Hofhaltung des Königs und in dessen Person verkörpert.[82] Der Bürger wird in seinem Leben ganz in den Staat hineingenommen, als „Staatsbeamter“ bezeichnet.[83] Wenn Novalis und Fr. Schlegel den Ausdruck „Republikanismus“ in dieser Frühzeit gebrauchen, so wird damit nicht ein Gegensatz zur Monarchie bezeichnet, sondern der gemäßigte, der Freiheit dienende Staat charakterisiert.[84] Von der französischen Revolution und ihrer Sitte, Kokarden zu tragen, übernimmt Novalis die Forderung, der Staat solle sichtbar werden, indem jeder Bürger Abzeichen und Uniform tragen solle.[85] Gegenüber diesen enthusiastischen Vorstellungen klingen die Äußerungen Fr. Schlegels und

[77] J. G. Fichte, Sämtl. Werke, hrg. v. J. H. Fichte, II Abt. Band 1 (Band 3), Berlin 1845: Grundlage des Naturrechts nach den Prinzipien der Wissenschaftslehre (1797). Hier wird der Staatsvertrag als Schutzeinrichtung zur persönlichen Sicherheit gesehen, aber im Blick auf Rousseau als gänzliche Hingabe verstanden (S. 204).

[78] Vgl. Anm. 23.

[79] Vgl. Anm. 22.

[80] In Anlehnung an Gedanken von Rousseau spricht Fr. Schlegel „Über den Begriff des Republikanismus“ davon, daß der Wille der Bürger mit dem allgemeinen Willen übereinstimmen solle (Werke Bd. VII, S. 13).

[81] Novalis, Logologische Fragmente (1798), Nr. 37, Werke (Anm. 3), Bd. II, S. 534.

[82] Novalis, Glauben und Liebe oder der König und die Königin, Fragment Nr. 28, Werke Bd. II, S. 492.

[83] Novalis, dort Fragment Nr. 18, Bd. II, S. 489.

[84] So in Fr. Schlegels Schrift über den Republikanismus, wo er mit dem Quantum der erreichten Freiheit gleichgesetzt und in Gegensatz zur Despotie gestellt wird. Werke Bd. VII, S. 21f. und dazu Ernst Behler in der Einleitung zu Bd. VII, S. XXIff.

[85] Novalis, Glauben und Liebe, Fragment 19, Werke Bd. II, S. 489.

[86] Zu dem entscheidenden Einfluß von Edmund Burke siehe meine Darlegung „Staatsbild und politische Form in der romantischen Anschauung“ in Brinkmann, R. in Deutschland (Anm. 33), S. 84, Anm. 11.

[87] In der Diskussion haben Walter Hinck und Stephan Skalweit auf die große Bedeutung von Burke hingewiesen, und letzterer erinnerte an dessen Ausspruch (siehe Anm. 3), daß der Staat keine Aktiengesellschaft sei.

später Adam Müllers ruhiger, aber sie geben in der Grundanlage dasselbe Bild. Im engen Anschluß an Edmund Burke[86], dessen Einfluß auf diese Phase des romantischen Denkens nachdrücklich betont werden muß[87], wird der Staat als Kette der Generationen gesehen, als ein Kontinuum, das durch geistige Bande vereint wird und das in sich eine eigene Individualität gewinnt.[88] Der Begriff des Organismus, der frühzeitig bei Schelling erscheint[89], spielt von früh an für das romantische Denken eine wichtige Rolle. Auch wenn er in der Anwendung anthropologischer oder naturhafter Bilder für das Staatswesen eine alte Tradition besitzt und organologische Metaphern tief in das 18. Jahrhundert zurückreichen[90], erhält doch der organische Gedanke gerade im ersten Viertel des 19. Jahrhunderts eine Verbreitung, die tief auf die weitere Gedankenwelt des Jahrhunderts eingewirkt hat.[91] In einem sehr tiefen Sinne hat Heinrich von Kleist in seiner Skizze „Über das Marionettentheater" die hinter der leiblich-geistigen Existenz wirkende lebendige Seele, das Sinnbild des Ursprünglich-Göttlichen herausgehoben, die der organischen Welt ihre Kunst und Grazie gibt – so wie in der Erzählung dem fechtenden Bären die volle Sicherheit der Bewegung – und die durch Reflexion, durch rationales Bewußtsein, nur schwächer werden kann.[92] Noch in der Spätzeit gab Eichendorff diesem geistigen Boden der Einheit des Volkes und Staates einen schönen Ausdruck[93]: „Denn das Volk lebt weder von Brot noch von Begriffen allein, sondern recht in seinem innersten Wesen von Ideen. Es will etwas zu lieben oder zu hassen haben, es will vor allem eine

[88] Novalis spricht in den Blütenstaub-Fragmenten Nr. 65 (Werke Bd. II, S. 437) von einem „mystischen Staatsindividuum". Fr. Schlegel nennt in der Schrift „Republikanismus" die Konstitution den „Inbegriff der permanenten Verhältnisse der politischen Macht" (Werke Bd. VII, S. 18), den Staat ein „Kontinuum von Menschen" (dort S. 15).

[89] Zur Idee des Organischen siehe Kluckhohn (Anm. 27), S. 81ff. Auf die Bedeutung Kants für den Begriff weisen hin Erich Kaufmann, Über den Begriff des Organismus in der Staatslehre des 19. Jahrhunderts, Heidelberg 1908, S. 5f. und Gisela von Busse, Die Lehre vom Staat als Organismus, Berlin 1928, S. 13ff. Für Schelling siehe Volker Stanslowski, in: Brinkmann, R. in Deutschland (Anm. 33), S. 93.

[90] Auf diese ältere Überlieferung körperhaften Denkens in der Staatstheorie wies in der Diskussion Prof. Skalweit hin, während Prof. Friedrich Ohly die weite Verbreitung organologischer Metaphern in der Literatur des 18. Jahrhunderts hervorhob.

[91] Prof. Wilhelm Schneemelcher brachte in der Diskussion den Organismusgedanken in Verbindung mit den seit den dreißiger Jahren des 19. Jahrhunderts in der Theologie bemerkbaren Neigungen zur Behandlung der Ekklesiologie.

[92] Das „Marionettentheater" findet sich in den Stücken 63–66 der „Berliner Abendblätter" (12.–15. 12. 1810). Siehe Berliner Abendblätter, hrg. von Minde-Pouet, Leipzig 1925, Neudruck Darmstadt 1965, S. 247ff. Hierzu ferner die eindringliche Analyse von Benno von Wiese, Tragödie (Anm. 24), S. 287ff. Auf diese Studie von Kleist hat mich dankenswerterweise mein Kollege Prof. Josef Isensee aufmerksam gemacht.

[93] Joseph v. Eichendorff, Preußen und die Konstitutionen (geschrieben in den dreißiger Jahren), in: Sämtl. Werke, hrg. v. Wilhelm Kosch, Bd. 10, Regensburg 1911, S. 297.

Heimat haben in vollem Sinne, d. i. seine eigentümliche Atmosphäre von einfachen Grundgedanken, Neigungen und Abneigungen, die alle seine Verhältnisse lebendig durchdringen."

III. Staat und Staatsgesinnung

Die Staatsauffassung der Romantik ruht in der von ihr angenommenen Natur des Menschen mit ihrer Verbindung Natur und Geist und der Bestimmung des Menschen für die Gemeinschaft.[94] Der Staat stellt nicht eine Schöpfung des Verstandes dar, sondern ist ein von Anfang an gegebenes Band, das auf Glaube, Liebe und Vaterlandsgesinnung beruht. Daß der Mensch für den Staat bestimmt ist, klingt an Hegel an, aber dieser Gedanke findet bei diesem eine ganz andere Entfaltung in der Idee der sittlichen Vollendung des Menschen im Staat[95], während die Romantik das staatliche Band vor allem persönlich in Zuordnung und Empfindung erblickte. Aus der Ablehnung aller mechanistischen Vorstellungen ergab sich für die Romantiker auch eine Zurückhaltung und teilweise Ablehnung des Gedankens der Gewaltenteilung, der ihnen zu sehr auf Aufteilung und Zerlegung abgestellt schien.[96] Der Staat ist keine bloße Einrichtung zur Sicherung des bürgerlichen Eigentums, das klingt noch bei Eichendorff nach.[97] Einen besonders tiefen und schönen Eindruck hat diese Abstellung auf die persönliche Gesinnung und sittliche Bestimmung im Staate in Kleists Prinzen von Homburg erfahren. In dem Seelenkampf, in dem sich der ungehorsam gewordene Soldat der höheren Idee des Staates beugt, zum letzten Opfer bereit wird, in dem

[94] Zum Begriff der Natur in der R. siehe Kluckhohn (Anm. 27), S. 24ff.

[95] Hegel, Philosophie des Rechts (Ed. J. Hoffmeister, Philosoph. Bibliothek Bd. 124a, 4. Aufl. Hamburg 1955), §§ 257, 258.

[96] Siehe Fr. Schlegel, Signatur des Zeitalters (1820–23), Werke Bd. VII, S. 588; Adam Müller, Elemente der Staatskunst (1809), hrg. v. J. Baxa, Jena 1922, Bd. I, S. 58, 191. J. v. Eichendorff, Preußen u. d. Konstitutionen (Anm. 93), S. 325.

[97] Insbesondere wird auch die Vorstellung des Staatsvertrages bei Adam Müller wieder und wieder abgelehnt: Elemente der Staatskunst, Bd. I, S. 29, 39 (keine Erfindung zur allgemeinen Sicherheit). Joseph v. Eichendorff, Über die Folgen der Auflösung der Landeshoheit der Bischöfe und Klöster (1818 abgefaßt, 1860 veröffentlicht), Werke (Anm. 93), Bd. 10, S. 159 (Staat nicht nur Verein zur Sicherung des Eigentums, sondern geistige Gemeinschaft zu einem möglichst vollkommenen Leben).

[98] Vgl. Benno v. Wiese (Anm. 24), S. 335ff.

[99] Novalis, Glauben und Liebe, Fragment Nr. 18, Werke Bd. II, S. 489.

[100] Novalis, Glauben und Liebe, Fragment 17, Werke Bd. II, S. 488.

[101] Der Freiheitsbegriff der frühen Romantik trug von Anfang an einen Zug der persönlichen Vervollkommnung und geistigen Bildung in sich, dem auch ein aristokratisches Element innewohnte. Er konnte daher die politische Freiheitsidee der französischen Revo-

aber wiederum der Staat in der Person des Kurfürsten nun Gnade und Anerkennung zu bezeigen vermag, kommt diese der Romantik am Herzen liegende gesinnungsmäßige Begründung des Staates eindrucksvoll zum Ausdruck.[98]

Von dieser sehr persönlich gesehenen Grundlage des Staates aus führt der Weg, nachdem die ersten Eindrücke der französischen Revolution zurücktraten, folgerichtig zum Gedanken der ererbten Lebensform, der Monarchie, in der sich dies personale Element sichtbar ausprägt. In der Person des Königs und der Königin verkörpert sich für Novalis in seinen grundlegenden Fragmenten „Glaube und Liebe oder der König und die Königin" der Staat. Er lehnt das Wort vom König als Staatsbeamten ab[99], weil er in ihm ein Symbol, das personifizierte Lebensprinzip des Staates erblickt.[100] Daß die Romantik in ihrer späteren Entwicklung sich dem monarchischen Gedanken zuwandte, sich in ihren Anschauungen mit der Lehre des monarchischen Prinzips verband, die an der starken Stellung des Herrschers festhielt, erscheint daher nicht als eine äußere Anpassung, sondern als eine innere Entwicklung, die sich aus der Entfernung von den rationalistischen Überbordungen der französischen Revolution, aber auch aus dem von den Romantikern festgehaltenen Freiheitsgedanken ergab. Mit der stärkeren Versenkung in die Geschichte war die nach 1806 hervortretende Zuwendung der romantischen Autoren zu den bestehenden Einrichtungen ebenfalls verbunden.[101] In einer tieferen Schicht als in der Hinnahme der Zeitentwicklung wurzelt auch die bei Adam Müller entfaltete Vorstellung eines ständisch und korporativ gegliederten Staates. Sie leitet sich ab aus der grundlegenden Sicht der Einfügung des Menschen in die ihn umgebenden Bindungen, auch aus der noch zu erwähnenden Hin-

lution aufnehmen, geriet aber in seiner moralischen und auf ein autonomes Menschenbild gerichteten Neigung mit dem revolutionären Zwang der Mehrheit als einer Form des Despotismus in Gegensatz. In dem „Versuch über den Begriff des Republikanismus" (1796) versteht Fr. Schlegel die Freiheit in naher Beziehung zu Kant als Eigenbestimmung, sieht im Republikanismus die Annäherung des Privatwillens des Fürsten an den der Allgemeinheit, während er in der Herrschaft aller den Despotismus der Mehrheit über die Minderheit erblickt (Werke Bd. VII, S. 12f., 19f.); die Betonung des aristokratischen Moments in der Republik in der „Transzendentalphilosophie", Jena 1800–02 (Werke Bd. XII, 1964, S. 89). Siehe zum Freiheitsbegriff Günter Birtsch, Aspekte des Freiheitsbegriffs in der deutschen Romantik, in: Brinkmann, R. in Deutschland (Anm. 33), S. 48ff. und J. Baxa, Einführung (Anm. 3), S. 22ff. Je mehr sich dann das historische Moment in Schlegels Denken befestigte, desto mehr wird die Freiheit nicht in revolutionärer Willkür und Einebnung, sondern in der Herstellung der geschichtlichen Formen erblickt (Birtsch S. 52f.). Gewiß haben die äußeren Ereignisse der Zeit ihren Eindruck nicht verfehlt, aber nicht in ihnen, sondern in dem inneren Rückgriff auf das Ursprüngliche, das historische Beispiel der ständischen Formen lag für Schlegel wie für Adam Müller die Wendung zu den geschichtlich gewordenen Verhältnissen begründet.

neigung Müllers zur Verherrlichung mittelalterlicher Institutionen. Derjenige Teil der Romantiker, der diesen Gedankengängen folgte, trat daher nach 1815 in eine konservative, restaurierende Richtung ein, und man hat daher diese Gruppe der romantischen Schriftsteller negativ in ein konservatives Bild eingeordnet. Indessen entspricht diese Entwicklung von Müller oder Fr. Schlegel der historischen Anlage ihres Denkens, die in die Linie der bestehenden monarchischen Ordnung hinüberführte.[102]

Es entsprach dieser Ausrichtung, daß diese Richtung des romantischen Denkens nach 1815 kein näheres Verhältnis zur Verfassungsbewegung gewinnen konnte. In der frühen Stufe der Romantik erscheint der Gedanke einer Verfassung unter dem Erlebnis der französischen Revolution noch in einem positiven Sinne[103], aber in der späteren Epoche überwiegt dann die Anschauung, daß die gewachsene und gesinnungsmäßig begründete Gemeinschaft des Staates keiner solchen konstruktiven papierenen Fassung bedarf. Das ist besonders bei Eichendorff ausgeprägt, der sich zwar nachdrücklich zum guten Geist der preußischen Reformen bekannte, deren freiheitlichen Geist der Erziehung zum Gemeingeist rühmte, in dem der einzelne vor allem in der Bürgergemeinde tätig mitwirkt[104], aber eine geschriebene Verfassung als papierene Veranstaltung verwirft. Verfassungen können nicht gemacht werden, so meint Eichendorff, sie müssen emporwachsen wie ein Baum.[105] In diesem Zusammenhang bleibt auch die Haltung der Romantiker gegenüber repräsentativen Einrichtungen schwankend. Novalis denkt an eine Vertretung, die die Vortrefflichsten des Volkes zusammenführen könnte.[106] Unter dem Einfluß der zeitgenössischen Tendenzen wie der älteren Strukturen hebt Fr. Schlegel dann

[102] Zur Diskussion um die politische Haltung der Romantiker, die eine Kritik aus einer „gegenrevolutionären" Einstellung ableiten möchte, und den Verweis auf die tieferen inneren Entwicklungsvorgänge siehe Birtsch (Anm. 101), S. 47ff. und Wolfgang Schieder, „R. im Spannungsfeld von sozialem Wandel und Stagnation", in: Brinkmann, R. in Deutschland (Anm. 33), S. 39ff. und die Diskussion dort S. 157ff. Zur Auseinandersetzung der Romantiker mit der französischen Revolution siehe Maurice Boucher, La révolution de 1789 vue par les écrivains allemands, ses contemporains, Paris 1954, S. 124ff. (zu Fichte) und Jacques Droz, L'Allemagne et la révolution française, Paris 1949, S. 24ff., 217ff., 320ff. (zu Wieland und Görres) und S. 393ff. (Romantik).

[103] Fr. Schlegel, Republikanismus, Werke Bd. VII, S. 18.

[104] J. v. Eichendorff, Preußen und die Konstitutionen (dreißiger Jahre), Werke (Anm. 93), Bd. 10, S. 303ff.; Über Garantien (1833) dort S. 341ff.

[105] J. v. Eichendorff, Preußen und die Konstitutionen, S. 325/26: Verfassung muß Ausdruck der Individualität eines Volkes sein. Sie muß organisch emporwachsen wie ein Baum, ist Ausdruck der innersten Überzeugungen der Nation.

[106] Novalis, Glauben und Liebe, Fragment Nr. 66/67, Werke Bd. II (Anm. 3), S. 502.

[107] Fr. Schlegel, Signatur des Zeitalters (1820–23), Werke Bd. VII, S. 584.

[108] Auf C. L. von Haller wies mich in der Diskussion Prof. Skalweit hin. Er war in der Vortragsfassung nicht genannt, weil er in seiner fundamentalistischen Begründung des Staates in Macht und Grundeigentum wie durch gewisse rationalistische Einschläge in

später in der „Signatur des Zeitalters" den Vorzug einer in Stände gegliederten, das Volk in seiner Vielfalt, nicht nur das Eigentum repräsentierenden Vertretung hervor. Repräsentative Einrichtungen entzögen der Regierung die Würde.[107] Damit hatte sich bei Fr. Schlegel, der in seiner frühen Zeit der Repräsentation noch zugeneigt war, die Wende zu einer geschichtlich gewandten restaurativen Haltung vollzogen, die ihn mit der Abweisung von Staatsvertrag und Volksvertretung in die Nähe zu einem nicht der Romantik angehörenden Schriftsteller, Carl Ludwig von Haller, führte, der in den gleichen zwanziger Jahren von einer historisch-patrimonialen Grundlage aus die Ideen der Revolution verwarf.[108] Auf der anderen Seite aber erhielt sich bei anderen romantischen Denkern, vor allem bei Görres, durch ihr ganzes Leben eine andere, auf die freiheitliche Mitwirkung des Volkes gerichtete Anschauung. Daher hat Görres die bayerische Verfassung von 1818 lebhaft in einem Sendbrief begrüßt. Sie gebe der Gesellschaft Freiheit, Gleichheit der Pflichten, und richte eine Vertretung aus allen Klassen der Bevölkerung ein. Dennoch bleibt auch in diesem Zeitpunkt seine Kritik an dem alten bürokratischen Herrschaftssystem lebendig. Er rügt, daß allzusehr der Beamtenstand seine Vorherrschaft behalten habe, daß der abstrakte Staat den wirklichen lebendigen allzusehr unterjoche.[109] Es ist kaum nötig, in diesem Zusammenhang auch Uhland und seinen Kampf um das gute alte Recht hervorzuheben, einen Kampf, in dem sich nicht nur Hegel auf der anderen Seite befand[110], sondern der uns auch heute als ein eben auch der romantischen Rückwendung zur Geschichte entsprungenes Festhalten überlebter Formen erscheinen will.[111] Auch bei Eichendorff begegnen wir in späten, freilich erst nach seinem Tode

eine andere Denkrichtung als die Romantik gehört. Unzweifelhaft aber ergeben sich in seinen Anschauungen manche Berührungspunkte mit der späteren konservativen Haltung der Wiener Romantiker. So in der Ablehnung der französischen Revolution (Restauration der Staatswissenschaften oder Theorie des natürlich-geselligen Zustands, der Chimäre des künstlich bürgerlichen entgegengesetzt, 2. Aufl. Winterthur 1820ff., Bd. 1, Vorrede S. VIf., 224ff.), in der Verwerfung des Gedankens der Volkssouveränität (Bd. 1 (1820), S. 23ff., Bd. 2, S. 373) und der „Grille des Socialcontracts" (Bd. 1, S. 4ff., 18ff.), der freilich auf der anderen Seite ein Bekenntnis zu einer inneren Bindung des patrimonialen Fürsten (Bd. 2, 1820, S. 354ff., 415) und zu Rechten der Untertanen (Bd. 2, S. 417ff.) gegenübersteht. Zu Haller siehe Karl-Georg Faber, Zur Machttheorie der Romantik und der politischen Restauration, in: Brinkmann, R. in Deutschland (Anm. 33), S. 63f.

109 Joseph von Görres, Gesammelte Schriften, hrg. v. Marie Görres, Bd. 6, München 1860, Sendbrief an den Abg. Frhrn. v. Rottenhan über Geist und Inhalt der bayerischen Verfassung, S. 65ff., 85ff.

110 G. W. F. Hegel, Verhandlungen in der Versammlung der Landstände des Kgr. Württemberg im Jahre 1815 und 1816 (1817), in: G. W. F. Hegel, Politische Schriften, hrg. v. Jürgen Habermas, Hamburg 1966, S. 140ff., 176ff.

111 Zur modernen Bewertung siehe Walter Grube, Der Stuttgarter Landtag 1457–1957, Stuttgart 1957, S. 493ff.

herausgegebenen Schriften einer Anerkennung der repräsentativen Einrichtungen, freilich in ihrer damals noch stark auf die Vertreter bestimmter Schichten beschränkten Form.

Dies Bild des umgreifenden Staates, vor allem in seiner Forderung an den Bürger, mit Aufnahme ständischer Gedanken[112] und entschiedener Verwerfung der Ideen der französischen Revolution, gehört, auf Grundlagen, die bis in die Frühzeit zurückreichen, der späteren Phase derjenigen Richtung der Romantiker an, die sich zum Anschluß an Österreich entschlossen. Zu dieser Haltung führte eine keineswegs geradlinige Entwicklung, die in ihrem ersten Jahrzehnt vor allem durch die Auseinandersetzung mit der französischen Revolution bestimmt wurde. In dieser sich wandelnden Einstellung gegenüber den französischen Vorgängen weicht die Einstellung der Romantiker nicht von derjenigen der ganz überwiegenden Mehrheit der deutschen Geisteswelt ab, in der nur wenige, wie Wieland oder Goethe, eine ruhigere oder abwartende Position einnahmen.[113] Die Revolution wird in ihrer freiheitlichen Tendenz, in der Verkündung menschlicher Rechte, der Beschränkung der monarchischen Gewalt, zuweilen auch in ihrem säkularen Charakter mit Zustimmung begrüßt.[114] Erst ihre Radikalisierung führt zur Abwendung von ihr, die sich aber bei Fr. Schlegel und Görres langsam vollzieht. Noch auf seiner Reise nach Frankreich 1803 spricht Schlegel von der französischen Armee als einem „erfreulichen und erhabenenen Anblick" und von einer europäischen Gleichheit, die die Nationalunterschiede verschwimmen lassen könnte. Paris erscheint ihm – nicht zu Unrecht – als die „capitale de l'Univers".[115] Erst die Kölner Zeit bringt bei ihm die Wendung. Görres läßt sich noch 1799 zur Teilnahme an einer Delegation bestimmen, die für den Verbleib der linksrheinischen Gebiete bei Frankreich eintritt, freilich schon unter dem Gesichtspunkt, das in Gleichgültigkeit gegenüber den Einwohnern gefallene örtliche französische Regiment zu überwinden. Hier finden sich noch anerkennende Worte über den Jakobinismus, den Riesen, der Zwergen erlag.[116] Freilich wird diese Reise, auf der er in Paris die Machtergreifung Napoleons am 18. Brumaire erlebte, zum Anlaß der Umkehr. Er erkennt nun die Verschiedenheit des

[112] Hierzu Kluckhohn, Ideengut (Anm. 27), S. 89ff.

[113] Siehe Droz (Anm. 102), S. 17f., 320ff., und zu Goethe S. 312ff., zu Wieland siehe auch Roman Schnur, Tradition und Fortschritt im Rechtsdenken Christoph Martin Wielands, in: Tradition und Fortschritt im Recht, Festschrift zum 500jährigen Bestehen der Tübinger Juristenfakultät, Tübingen 1968, S. 98ff.

[114] Siehe Droz (Anm. 102), S. 33ff.; Fritz Valjavec, Die Entstehung der politischen Strömungen in Deutschland 1770–1815, München 1951, S. 156ff., 172ff.

[115] Fr. Schlegel, Reise nach Frankreich (1803), Werke Bd. VII, S. 68, 73.

[116] J. von Görres, Resultat meiner Reise nach Paris im Brumaire des achten Jahres, Koblenz 1800, Werke (Anm. 109), Bd. 1 (1854), S. 66.

Nationalcharakters. Das Erlebnis der französischen Eroberungen bringt dann bei ihm die volle Zuwendung zum nationalen Denken. Paris wird für ihn dann 1814, als sich die alliierten Heere der Stadt nähern, zur Stadt, aus der so viel Unheil für die Völker ausgegangen und der nun selbst Unheil droht.[117] Bei den Romantikern vollzieht sich im ersten Jahrzehnt des 19. Jahrhunderts, als andere sich zeitweise dem Gedanken des welthistorischen europäischen Reiches näherten[118], die aus dem Volksgedanken begründete Aufnahme der nationalen Idee und des Eintretens zur Abwehr der fremden Herrschaft.[119] Das gilt für alle dem romantischen Kreise angehörenden Autoren, Kleist, Görres, Fr. Schlegel, Fichte, Adam Müller. In dieser Haltung liegt unzweifelhaft – man braucht nur an Kleist oder an Fr. Schlegel zu denken – eine der bedeutendsten Einwirkungen der Romantik auf die politischen Geschehnisse, die sie im Unterschied zu klassischer Zurückhaltung vielfach auch persönlich in den Dienst des Widerstandes gegen Napoleon führt.

Die Entwicklung spiegelt sich vielleicht am deutlichsten in der Haltung der Romantiker gegenüber den Gedanken der Freiheit und der Gleichheit, die die französische Erhebung der Welt vermittelt hatte. In seiner Schrift „Über den Begriff des Republikanismus" unterscheidet Schlegel drei Arten der Freiheit. Die geringste ist diejenige Kants, nur dem Gesetz zu gehorchen, dem das Individuum seine Zustimmung gegeben hat, die mittlere, keinem Gesetz gehorchen zu müssen, das nicht die Mehrheit des Volkes wirklich gewollt hat, und die höchste, alles das tun zu dürfen, was einem anderen kein Unrecht zufügt. Die letztere Formel ist die Definition der französischen Verfassung von 1791 und würde, so sagt Schlegel, die vollkommene Gleichheit der Staatsbürger bringen.[120] In diesen Definitionen befindet sich Schlegel noch nahe bei den Vorstellungen der Aufklärung, die vor allem in der äußeren Freiheit von fremder Bestimmung das Wesen der Freiheit erblickte. Indem in der gleichen Schrift aber noch der allgemeine Wille Rousseaus, wenn auch gemildert durch das Surrogat der Mehrheitsentscheidung, erscheint, trägt dieser Standpunkt noch einen zwiespältigen Charakter. Denn schon in dieser Schrift erscheint der Staat nicht als Vertrag, sondern als Kontinuum von Menschen, und es werden Zweifel auch an der Mehrheitsentscheidung laut.[121]

[117] J. v. Görres, Rheinischer Merkur Januar–Juli 1814, Werke (Anm. 109), Bd. 1, S. 259

[118] Vgl. zu Hegel Otto Pöggeler, Hegels Option für Österreich, Hegel-Studien Bd. 12 (1977), S. 89ff.

[119] Hierauf weist J. v. Eichendorff in seiner rückblickenden Schrift Über die ethische und religiöse Bedeutung der romantischen Poesie in Deutschland, Leipzig 1847, S. 33, hin, wo er es für falsch erklärt, daß die R. dem Quietismus gehuldigt habe und fragt, ob die Bewegung von 1813 ohne sie hätte entstehen können.

[120] Fr. Schlegel, Über den Begriff des Republikanismus, Werke Bd. VII, S. 12f.

[121] Dort S 15.

In der weiteren Entwicklung wird die Freiheit von Schlegel stärker in den Kontext der geschichtlichen Entwicklung gerückt, aus der sie nun ihre Bestimmung erhält. Damit wendet sich nun die Kritik gegen den willkürlichen Freiheitsbegriff der republikanischen Verfassung und sieht in der Spätzeit in ihm ein Trugbild der politischen Freiheit. Die Freiheit wird in der Einordnung in das Gefüge der ständischen Gliederung gesehen, in der Wiederherstellung der älteren Verhältnisse. Auch bei Adam Müller steht der Gedanke der Freiheit durchaus im Mittelpunkt, aber er ordnet ihn ebenfalls in eine ständische Gliederung ein, in der die großen Teilungen der Gesellschaft sich wiederfinden.[122] In dieser späteren Phase der romantischen Ideen erscheint eine vollkommene politische Freiheit als Willkür. Daher hat auch Fr. Schlegel so wenig wie Eichendorff einer unbegrenzten Pressefreiheit das Wort geredet; beide empfahlen Beschränkungen, um dem Mißbrauch vorzubeugen.[123] Der Gedanke der Freiheitsrechte in seiner eigentlichen Form ist von der Romantik nicht aufgenommen worden; er erscheint zu sehr mit der Vorstellung eines isolierten Individuums, der Entgegensetzung zur Gemeinschaft verbunden. Diese Haltung entspricht der allgemeinen konservativen Strömung im Vormärz, von der nur Friedrich Julius Stahl eine Ausnahme bedeutet.[124] Freiheit bleibt für die Romantiker immer eine in den geschichtlichen Prozeß eingebundene Position, die sich in der Gestalt der politischen Ordnung ausprägt.[125]

[122] Elemente der Staatskunst (Anm. 96), Bd. 2, S. 33ff., 120ff.

[123] In den Deutschen Staatsanzeigen Bd. 2, hrg. v. Adam Müller, S. 588ff. (1817) äußert Fr. Schlegel, daß das Mißlingen des Versuches, die absolute Pressfreiheit in Deutschland herzustellen, dem deutschen Nationalcharakter zur höchsten Ehre gereiche (Werke Bd. VII, S. 467). Eichendorff behandelt das Problem in einer erst 1888 gedruckten Ausarbeitung über „Die konstitutionelle Pressgesetzgebung in Deutschland" (um 1830). Er verteidigt die Zensur wegen der Gefahr des Mißbrauchs der Presse (Werke Bd. 10, S. 196ff.).

[124] In der Schrift über den Republikanismus erscheinen Freiheit und Gleichheit als Grundforderungen republikanischer Einrichtung bei Fr. Schlegel (Werke Bd. VII, S. 21), später wird mit dem Gedanken der Verfassung und dem Trugbild der vermeintlichen politischen Freiheit, das im liberalen Denken gegebene Negative gegenüber dem Positiven im Staatskörper verurteilt (Signatur des Zeitalters, Werke Bd. VII, S. 528, 533). Als Gegensatz ist hier auf Friedrich Schiller hinzuweisen, der im „Wilhelm Tell" 2. Aufzug, 2. Auftritt (Rütliszene) die Idee der ewigen Menschenrechte nachdrücklich aufgriff. Gegenüber der Betonung der Freiheitsrechte in der liberalen Theorie, die auch weithin in die Staatslehre hineinwirkte – vgl. August Wilhelm Rehberg, Deutschland vor dem Ausbruch der französischen Revolution, sämtl. Schriften Bd. 2, Hannover 1831, S. 51ff.; Romeo Maurenbrecher, Grundzüge des heutigen deutschen Staatsrechts, Frankfurt 1837, S. 79ff. und Friedrich Schmitthenner, Grundzüge des allgemeinen oder idealen Staatsrechts, Gießen 1843, S. 562ff. – hielt namentlich die religiös bestimmte katholische wie protestantische Lehre in ihrer Kritik an dem rationalen Menschenbild der Revolution gegenüber den Menschenrechten zurück. Eine Ausnahme bildete hier Friedrich Julius Stahl. Er erkannte

Auch der Gedanke der Gleichheit wird von der frühen Romantik als ein abstraktes Element aufgenommen, obwohl sich bereits in Fr. Schlegels Schrift über den Republikanismus der Gedanke findet, daß das Volk eine Elite wollen könne (als die die Delegierten einer Vertretung erscheinen).[126] Auch hier wirkt sich in der weiteren Entwicklung die Wendung zur geschichtlichen Welt mit ihrer Gliederung aus. Wenn in der frühen Zeit Kritik am Adel laut wird, so wird die Institution doch nicht in Frage gestellt. Adam Müller wendet sich in der Schrift über Friedrich den Großen gegen den mit ständischem Besitz verbundenen Adel zugunsten eines mit dem Bürgertum in Beziehung stehenden wahren, von den Lockungen des Privatbesitzes unabhängigen Adels.[127] Bei Arnim klingt in der „Gräfin Dolores" an, daß in der Erneuerung der Zeit der Adel Bürger werden solle.[128] Aber im Ganzen folgt die romantische Auffassung, unter dem Einfluß der geschichtlichen Zuwendung zum Mittelalter, mit der Verherrlichung des Rittergeistes einer Auffassung, die im Adel eine notwendige Einrichtung, eine Grundlage auch des Thrones erblickt. Man kann hinzufügen, daß manche der Romantiker den Adel angenommen und auch erstrebt haben (Adam Müller, Friedrich Schlegel). Der Weg zur allgemeinen bürgerlichen Gleichheit, den das Zeitalter ging, ist mithin von den Romantikern dieser Richtung nicht in seiner vollen Bedeutung erfaßt worden.[129] Man kann freilich darauf hinweisen, daß auch die liberale Richtung sich, insbesondere im Wahlrecht, einer allgemeinen Gleichheit damals

den Wert der Rechte für die Stellung des Staatsbürgers und als Gewähr der vollen menschlichen Persönlichkeit innerhalb der Staatsordnung und führte sie auf ein „Urrecht" d. h. eine außerstaatliche Grundlage zurück. Vgl. Philosophie des Rechts, 5. Aufl. Tübingen und Leipzig 1878 (= 3. Aufl. 1851), Bd. 2.1, S. 312ff. und Bd. 2.2, S. 518ff. Zu Stahl siehe Gottfried Hütter, Die Beurteilung der Menschenrechte bei Richard Rothe und Friedrich Julius Stahl, Frankfurt 1976, S. 76ff.

125 Siehe G. Birtsch, Aspekte und Wandlungen des Freiheitsbegriffs in der deutschen Romantik zwischen naturrechtlichem Rationalismus und Traditionalismus, in: Brinkmann, R. in Deutschland (Anm. 33), S. 47ff.

126 Fr. Schlegel, Werke Bd. VII, S. 17.

127 Adam Müller, Schriften zur Staatsphilosophie (Anm. 73), S. 126ff., 133ff. (Über König Friedrich II. und die Natur, Würde und Bestimmung der preuß. Monarchie, 1810). Positiver dagegen in den Elementen der Staatskunst (1809), Bd. 1, S. 183ff., wo der Adel als notwendige staatsrechtliche Institution bezeichnet wird, aber auch gegen seine Besitzfundierung und Privilegien Bedenken erscheinen.

128 Achim v. Arnim, Sämtl. Romane und Erzählungen, hrg. v. Walter Migge (1962), Bd. 1, S. 173: „Nein, daß adlig all auf Erden, muß der Adel Bürger werden."

129 Über die nur sehr langsame Verwirklichung des Gleichheitsgedankens in Deutschland im Vormärz, die sich namentlich im Wahlrecht ausprägte, siehe G. Kleinheyer, Aspekte der Gleichheit in den Aufklärungskodifikationen und den Konstitutionen des Vormärz, in: Von der ständischen Gesellschaft zur bürgerlichen Gleichheit (Vereinigung für Verfassungsgeschichte) Beiheft 4 zum „Staat", Berlin 1979, S. 7ff.

noch nicht öffnete, und auch die Zusammensetzung der Volksvertretungen des Vormärz, wie sogar noch bis zum ersten Reichstag des Kaiserreiches[130], durchaus eine Vorherrschaft der immer mehr verschmelzenden Schichten des Adels und des Großbürgertums widerspiegelte. Das Ideal der ständischen Gliederung hielt die Romantiker der Wiener Richtung davon ab, die Bewegung der Zeit in ihrer vollen Bedeutung zu erfassen. Auch hier steht Görres wieder auf einem anderen Standpunkt. Sein Eintreten für die Landwehr, seine Nähe zu burschenschaftlichen Gedanken läßt ihn die Gleichheit aller stärker betonen.[131] Im Blick auf diese Haltung der Romantik darf indes nicht übersehen werden, daß auch die liberale Richtung des Vormärz weit von einer Annahme der vollen Gleichheit, vor allem auch der politischen Rechte (allgemeines Wahlrecht) entfernt blieb. Auch die liberale Theorie trat damals für eine Stufung der politischen Mitwirkung ein, die Besitz und Bildung in den Kammern den Vorrang gab, und erblickte im allgemeinen Wahlrecht eine gefährliche Entwicklung.[132]

Wenn von den gesellschaftlichen Konzeptionen der romantischen Autoren und ihrer schichtenmäßigen Zugehörigkeit gesprochen wird, so hat sie in einer Richtung indessen auf eine Verstärkung der freien Gestaltung und eine Aufhebung von Schranken in ihrer Lebensführung hingewirkt. Zum Bilde der Romantik gehört auch ihre Vorliebe für die Bildung geselliger Freundeskreise, die sie in Jena, Dresden, Berlin, Heidelberg begründeten und in denen Adel und Bürgertum sich begegneten. Im allgemeinen eignet diesen Verbindungen eine Beweglichkeit und Offenheit, eine formlose Gestaltung, die in der freien Geselligkeit und im Gespräch wurzelt. Nur die stärker konservative Christlich-deutsche Tischgesellschaft in Berlin (1811 von Adam Müller und Achim von

[130] Aufschlußreiche Hinweise auf die starke Vertretung der vorherrschenden Schichten des Adels und des Großbürgertums im ersten Norddeutschen Reichstag 1867 bei Helmut Böhme, Deutschlands Weg zur Großmacht, Köln, Berlin 1966, S. 263.

[131] Görres, Sendbrief an den Abg. Frhrn. von Rottenhan, Werke Bd. 6, S. 65.

[132] Vgl. Johann Caspar Bluntschli, Das Volk und der Souverän, Zürich 1831, S. 61, 66. Zu dieser Haltung des frühen Liberalismus meine Darlegung in: „Volkssouveränität und Theorie der parlamentarischen Vertretung. Zur Theorie der Volksvertretung in Deutschland 1815–1848", in: Karl Bosl (Hrg.), Der moderne Parlamentarismus und seine Grundlagen in der ständischen Repräsentation, Berlin 1977, S. 337ff. sowie ferner die große Übersicht des frühkonstitutionellen deutschen Wahlrechts bei Peter Michael Ehrle, Volksvertretung im Vormärz. Studien zur Zusammensetzung, Wahl und Funktion der deutschen Landtage im Spannungsfeld zwischen monarchischem Prinzip und ständischer Repräsentation, Frankfurt 1979, S. 495ff.

[133] Dieser Absatz ist auf eine Anregung von Prof. Walter Hinck in der Diskussion eingefügt, auch der Bedeutung der Romantik für die Bildung geselliger Kreise zu gedenken. Hierzu siehe jetzt Otto Dann, Gruppenbildung und gesellschaftliche Organisierung in der Epoche der deutschen Romantik, in: Brinkmann, R. in Deutschland (Anm 33), S. 115ff. Dort S. 122 zur christlich-deutschen Tischgesellschaft.

[134] Ernst Behler (Hrg.), Die europäische Romantik, Frankfurt 1972, und dort Behlers grund-

Arnim als Vereinigung von konservativen Romantikern und Militärs gegründet) nahm formale Satzungen an. In diesen Zusammenhang gehört auch die Verbindung der romantischen Denkart zu der Bewegung der studentischen Vereinigungen nach 1815.[133]

Wie weit läßt sich aus ihren Äußerungen ein Bild der sozialen Sicht der Romantiker gewinnen? Ernst Behler hat im Blick auf den Roman davon gesprochen, daß er ein Ausdruck des aristokratischen Lebensfestes bleibe.[134] In der Tat, wenn wir die Erzählungen und Romane betrachten, so spielen sie in einer vielfach verklärten Welt aristokratischen Lebens, geben noch ganz eine Gesellschaft ländlichen Grundbesitzes, hoher Beamter mit dem sie umgebenden treuen Landvolk und fleißigen Bürgertum wieder. Die Hineinstellung des Staates und der gesellschaftlichen Ordnung in den großen Zusammenhang der Natur, in der sich organisch die Lebensformen aufbauen, wendet sich bewußt von der rationalistischen Konstruktion naturrechtlicher Staatsauffassung ab. Innerhalb dieses umfassenden Staatsaufbaus wird bei Adam Müller der Gegensatz der Kräfte harmonisiert und in Familie und Ständen das verbindende Moment herausgestellt.[135] Spannungen sozialer Art werden in der romantischen Dichtung kaum sichtbar. Wo Spannung auftritt, liegt sie in der eigenen subjektiven Persönlichkeit, die sich gegenüber der Zeit und den Mächten der Natur und Unendlichkeit zu behaupten hat. Caspar David Friedrichs Bilder, die so gern den einsamen Betrachter der ganzen großartigen Unendlichkeit und Hoheit der Natur als dem Göttlichen gegenüberstellen[136], bleiben ganz im Individuellen.

Von den Erzählungen ist es nur Kleists Kohlhaas, der einen sozialen Konflikt zum Austrag bringt, wobei aber nicht eigentlich dieser, sondern die

legender Beitrag: Kritische Gedanken zum Begriff der europäischen R., S. 1ff. Dort S. 158 wird die Zuwendung des romantischen Romans zu einer phantastischen Welt hervorgehoben, die ihn zu einem „Dokument des aristokratischen Lebensfestes" macht.

135 Siehe Volker Stanslowski, Bürgerliche Gesellschaft als Organismus. Zum Verhältnis von Staats- und Naturwissenschaften in der „Politischen Romantik", in: Brinkmann, R. in Deutschland (Anm. 33), S. 90ff.

136 Zu Caspar David Friedrich siehe Herbert v. Einem, Deutsche Malerei des Klassizismus und der Romantik 1760–1840, München 1978, S. 95f. In dieser Zwiesprache mit der unendlichen Natur tritt diese an die Stelle des Göttlichen. In die transzendentale Sicht werden auch die Ruinen menschlicher Gebäude oder die in die Weite segelnden Schiffe einbezogen. Vgl. zu Friedrich ein eindringlich Robert Rosenblum, Modern Painting and the Northern Romantic Tradition. Friedrich to Rothko, London 1975, S. 21–40. Ferner Klaus Lankheit, Caspar David Friedrich, in: Brinkmann, R. in Deutschland (Anm. 33), S. 683ff., 691ff. Von den Zeitgenossen hat seine Kunst wohl vor allem Heinrich von Kleist in der berühmten Würdigung der Kunstausstellung von 1810 in den Berliner Abendblättern verstanden, der den Sinn dieser Landschaftsmalerei in der Wiedergabe des Unendlichen erfaßt. Siehe Berliner Abendblätter (Anm. 92) 13. 10. 1810, Stück 12, Neudruck S. 47f. Friedrich gehörte in den Jahren 1807–09 dem Kreise um Adam Müller an. Vgl. Ernst Behler (Anm. 134), S. 115.

Stärke des verletzten Rechtsgefühls, das Ringen um Gerechtigkeit in einem Einzelfalle – nicht einem typischen Konflikt von Schichten – den Gegenstand bildet. Der Blick der Romantiker greift zwar politisch auf das Ganze, er erkennt auch die Schichtungen der Gesellschaft, aber eine soziale Frage tritt noch nicht in ihren Gesichtskreis. Die soziale Problematik ist in der Tat erst in den dreißiger Jahren von Robert Mohl, dann von Lorenz Stein und anderen aufgenommen worden.[137] Auch hier wieder tritt der Gegensatz zu Hegel hervor, dessen Blick die Wandlung zur bürgerlichen Welt, zu einer Welt der Arbeit bereits öffnete. Es entspricht dieser noch in der Stille der ruhigen Jahre des Baseler Friedens zwischen 1795 und 1806 und dann der friedlichen biedermeierlichen Epoche verharrenden Sichtweise, daß im romantischen Denken auch der vom Liberalismus aufgegriffene, an Hegel angelehnte Gegensatz von Staat und Gesellschaft nicht auftritt. Die bürgerliche Gesellschaft der frühen Schriften ist die staatliche Gemeinschaft, ihr wird nicht eine freie, der eigenen autonomen wirtschaftlichen Entfaltung zustrebende Gesellschaft gegenübergestellt.[138] Das ergibt sich auch aus dem ständischen Gedanken, und hier liegt wohl auch der Grund, weshalb bei Adam Müller sich eine so lebhafte Ablehnung der damals modernen englischen Wirtschaftstheorie, vor allem von Adam Smith, findet. Mit einigen fast antikapitalistischen Zügen erklärt Müller das Grundeigentum zur Basis der Wirtschaft und rückt er in seiner Geldtheorie den Staat ganz in den Vordergrund. Von einem „vormodernen

[137] Für Mohl ist zu nennen der grundlegende Aufsatz „Über die Nachteile, welche sowohl den Arbeitern selbst, als dem Wohlstande und der Sicherheit der gesamten bürgerlichen Gesellschaft von dem fabrikmäßigen Betriebe der Industrie ausgehen, und über die Notwendigkeit gründlicher Vorbeugungsmittel" (Archiv der politischen Ökonomie u. Polizeiwissenschaft, hrg. v. K.-H. Rau, Bd. 2 (1935), S. 141–203) und der Aufsatz „Vergangenheit, Gegenwart und Zukunft der politischen Ökonomie" (Dt. Vjschrift 1840, S. 1ff.). Zu Mohl meine Ausführung „Das wissenschaftliche Lebenswerk" R. v. Mohls, Der Staat 18 (1979), S. 21ff. Zu Lorenz Stein, dessen „Socialismus und Communismus des heutigen Frankreichs", Leipzig 1842, an der französischen frühsozialistischen Literatur die Probleme entwickelt, siehe Ernst Rudolf Huber, Lorenz von Stein und die Grundlegung der Idee des Sozialstaats, in: Lorenz v. Stein, Gesellschaft – Staat – Recht, hrg. v. Ernst Forsthoff, Frankfurt 1972, S. 495ff. und Karl-Hermann Kästner, Von der sozialen Frage über den sozialen Staat zum Sozialstaat, in: Roman Schnur, Staat und Gesellschaft, Studien über Lorenz von Stein, Berlin 1978, S. 381ff. (dort weit. Lit.).

[138] Für die Romantiker, insbesondere Adam Müller, ist es der Staat, in den der einzelne von allen Seiten her verflochten ist, so daß für eine ihm entgegengesetzte Gesellschaft kein Raum bleibt. Vgl. Adam Müller, Von der Idee des Staates, Dresden 1809, S. 5, 14, 28; Elemente der Staatskunst (Anm. 96), Bd. 1, S. 37ff. In der Betonung des lebendigen Staatsindividuums und der Staatsgesinnung liegt beschlossen, daß es nicht in dieser Gemeinschaft einen ausgesparten Raum der Gesellschaft geben kann. Vgl. Kluckhohn (Anm. 27), S. 83ff.; Stanslowski in: Brinkmann, R. in Deutschland (Anm. 33), S. 96ff.

[139] Ernst Hanisch, der „vormoderne" Antikapitalismus der Politischen Romantik. Das Beispiel Adam Müllers, in: Brinkmann, R. in Deutschland (Anm. 33), S. 132ff.

Antikapitalismus" spricht Hanisch[139], der die Arbeitsteilung der industrialisierten Wirtschaft ablehnte und immer wieder gegenüber der Gewerbefreiheit auf die damaligen Formen der Agrarverfassung zurückkam. So sprach sich Müller gegen die großen Wandlungen der Zeit, die Einebnung der ständischen Rechtsunterschiede von Stadt und Land, die Mobilisierung auch des Grundbesitzes im Geldverkehr, die Öffnung der Güterproduktion durch die Freiheit des Zugangs zu den Gewerben aus.[140] Diese Haltung trug einen ständischen antirevolutionären Charakter und führte ihn in den Berliner Jahren von 1809–11 mit der ständischen Opposition gegen Hardenberg zusammen.[141] Sie wies zurück in feudale Verhältnisse. Auch die Gegnerschaft zur Gewerbefreiheit trug den gleichen Zug des Bewahrenden gegen die Strömung der Zeit. Müller möchte städtische und ländliche Ökonomie getrennt halten[142] und sieht in der Landwirtschaft den Accent in der Arbeit, in der städtischen im Kunstfleiß, ohne der sich bereits anbahnenden Entwicklungen der Arbeiterschaft ansichtig zu werden.[143] So interessant mithin die Äußerungen Müllers als kritische Stellungnahme gegenüber der beginnenden Industrialisierung mit ihrer Öffnung der Schranken und der Beweglichkeit des Eigentums erscheinen, so weist ihre Grundeinstellung doch eher auf das Festhalten an einer älteren Wirtschafts- und Agrarverfassung ständischer Art hin und enthält keine Verbindungen zu der im späteren 19. Jahrhundert auftretenden Kritik an der liberalen Wirtschaftstheorie aus dem Gedanken der sozialen Verbun-

[140] Mit der Kritik gegen Adam Smith wendet sich Adam Müller gegen den Gedanken, Vermehrung der Produktion unter Aufhebung von Adelsrechten und Zünften sei ein Ziel, der Nationalreichtum könne als Summe der individuellen Produktion verstanden werden (Elemente der Staatskunst Bd. 19, Vorl. Bd. 1, S. 356–360). Für Müller ist die wirtschaftende Tätigkeit des einzelnen zugleich eingefügt in die Staatswirtschaft, die den Bedürfnissen des Volkes Rechnung trägt (dort Vorl. 20, S. 390ff.). Nur auf die staatliche Wirtschaft bezieht M. auch den Staatskredit. Für M. ist die Grundlage der Wirtschaft nicht Kapital und Arbeit, sondern das bleibende Eigentum am Grund und Boden und der städtische Kunstfleiß (Elemente Bd. 2, S. 20f.). Müllers Stellungnahme gegen die Finanz- und Wirtschaftspolitik des Staatskanzlers Hardenberg und seine Verbindung zur Opposition (v. Marwitz) veranlaßte die Berliner Behörden, einen Aufsatz von ihm über Gewerbefreiheit zu unterdrücken. Vgl. J. Baxa, Adam Müller, Jena 1930, S. 163ff. Die Hervorhebung der Staatswirtschaft bei ihm auch im Versuch einer neuen Theorie des Geldes (1816), Neudruck hrg. v. Helene Lieser, Jena 1922, S. 18, 74.

[141] Vgl. J. Baxa (Anm. 140). In dieser Verbindung lag das Scheitern der Bemühungen Müllers um eine Verbindung mit dem Staatskanzler Hardenberg begründet. Im Mai 1811 verließ Müller Berlin, um eine Erziehungsanstalt in Österreich zu gründen. Seine Einstellung gegen die Industrie und die Freisetzung der wirtschaftlichen Tätigkeit sowie gegen die freie Konkurrenz tritt auch hervor im Versuch einer Theorie des Geldes (Anm. 140), S. 101, 130.

[142] Elemente der Staatskunst (Anm. 96), Bd. 2, S. 23ff. Zur Staatswirtschaft dort 20. Vors., Bd. 1, S. 393ff. Zu den Zünften als Element einer positiven Freiheit Bd. 1, S. 314 (Ablehnung der Manufaktur S. 313).

[143] Elemente, Bd. 2, S. 34.

denheit und der Vernachlässigung der Arbeit. In der Tat verband sich Müller in seinen Berliner Jahren 1809–11 mit den Richtungen der ständischen Opposition, und auch in seiner Wirksamkeit als Generalkonsul in Leipzig kehrte er wieder zu seiner Vorliebe für eine vorkapitalistische Gesellschaftsstruktur zurück.[144] Auch in diesem Bereich zeigen sich die konservativen Züge der späteren Wiener Gruppe der Romantiker deutlich. Anders steht es bei den von den freiheitlichen Gedanken berührten Autoren. Uhlands Position im Streit um das „gute alte Recht" trug auch restaurative Züge, wie gerade Hegel scharf hervorgehoben hat, aber sie leitete sich doch auch aus den neuen liberalen Tendenzen ab. Und sichtbar blieb durch sein ganzes Leben Joseph von Görres den freiheitlichen Impulsen verhaftet. Das führte ihn sogar in seiner Schrift „Teutschland und die Revolution" 1819 dazu, die Forderung der Jugend nach einer Reform an Haupt und Gliedern zu unterstützen und selbst die Ermordung Kotzebues durch Sand zu verherrlichen: Wie ein Blitz, so meint er, schlug die Tat ein, die kommen mußte, um das Dämmer zu brechen.[145]

Wenn wir uns der Frage nach der Einwirkung der romantischen Schriftsteller auf ihre Zeit in ihren auf die politische Welt bezogenen Ideen zuwenden, so bereitet die Antwort gewisse Schwierigkeiten. Die romantischen Autoren haben sicherlich, soweit sie dichterische Leistungen vollbrachten, zunächst eine literarische und ästhetische Wirkung erlangt. Bei denen, die wie Friedrich Schlegel, Adam Müller oder Görres philosophische, geschichtliche und politische Themen in die Mitte ihrer Arbeit stellten, steht aber nicht nur eine indirekte, sondern eine bewußt erstrebte Einflußnahme zur Prüfung. Von vornherein wandten sich die Äußerungen der romantischen Autoren an das gebildete Publikum, dem auch die zeitgenössischen Schriften der klassischen Richtung galten. Es stand dabei der Aufnahme ihrer Gedanken entgegen, daß sie nicht wie im Werk der Philosophen eine geschlossene Form erhielten, sondern in einzelnen Arbeiten mehr verstreut erschienen, so daß sich eigentlich erst für die spätere Phase der Romantik ein festeres Bild ergibt.

[144] Siehe hierzu Hanisch (Anm. 139), S. 138ff.

[145] J. v. Görres, Teutschland und die Revolution 1819, Werke Bd. 4 (1856), S. 155.

[146] Den Hinweis auf Tagebücher und Briefe der Brüder Leopold, Wilhelm und Ludwig von Gerlach aus ihren Jugendjahren in Berlin verdanke ich Prof. Schneemelcher in der Diskussion: Aus den Jahren preußischer Not und Erneuerung. Tagebücher und Briefe der Brüder Gerlach und ihres Kreises 1815–1820, hrg. von Hans Joachim Schoeps, Berlin 1963. Die Zeugnisse zeigen nicht nur das lebendige geistige Leben der Brüder G. und ihres Freundeskreises, sondern auch die enge gesellige Berührung der führenden Geister in Berlin. Auch hier klingt im Briefe von Paul Haugwitz an Leopold G. (Wien 11. 1. 1809) der Wunsch nach Verschmelzung von Adel und Bürgertum an (dort S. 438). In Dresden findet bei Friedrich Meier (1780–1815) der Teschener Altar C. D. Friedrichs Lob (Brief v. 17. 3. 1809 an W. v. G., dort S. 441). Adam Müllers Vorlesungen über Fried-

In den gebildeten, dem geistigen Leben aufgeschlossenen Zirkeln vermochte die romantische Richtung, auch bei Jüngeren, in den Orten ihrer jeweiligen Wirksamkeit einen lebendigen Widerhall zu erwecken, wofür etwa der Briefwechsel der Brüder Gerlach über ihre Berliner Jahre ein Zeugnis bildet.[146] Auch bilden die Kreise der Gesellschaft, die sich 1808/09 in Dresden in den Vorträgen Adam Müllers und später 1810/11 und nach 1820 in den Vorlesungen von Friedrich Schlegel versammelten, sicherlich ein Element der weiteren Aufnahme der Ideen dieser Schriftsteller, zugleich auch ein Zeugnis der großen geistigen Lebendigkeit dieser Epoche. In den weiteren Kreis der wissenschaftlichen Lehre, zumal auch der Theorie des Staates, drangen die romantischen Ideen nur langsam ein und sind hier auch wieder im wesentlichen nur in Einzelmomenten faßbar. Ein besonderes Kapitel stellt ihr Verhältnis zu ihren zeitweiligen politischen Auftraggebern dar. Hier dürfen wir ihren Einfluß nicht überschätzen. In den Augen der Staatsmänner, die sie verwendeten, waren sie nützliche Gehilfen, deren Feder man in den Dienst nahm, aber sie erlangten auf führende Männer keinen Einfluß. Derjenige, dem dies in gewissem Umfang beschieden war, Friedrich von Gentz, kann nicht zum romantischen Kreise gerechnet werden. In dieser Richtung begegneten zudem die romantischen Autoren einer wichtigen Tatsache, die ihre Wirksamkeit eher einengte. Fast alle führenden Männer der napoleonischen Zeit und der ihr folgenden beiden Dezennien, die an maßgebenden Stellen standen, gehörten in ihrem Denken noch der späten Aufklärung an. Jedenfalls gilt dies für Franz I. von Österreich wie für Friedrich Wilhelm III. von Preußen, für Metternich[147] wie für Montgelas und den Staatskanzler Hardenberg, kaum allerdings für den Freiherrn vom Stein und die militärischen Führer, bei denen am ehesten Öffnungen für romantische Ideen zu bemerken sind, wie das für den freilich im Kern strenger rational-philosophisch denkenden Clausewitz[148] oder für Gneisenau gesagt werden kann. Besser als Beschreibungen der Denkart der Staatsmänner vermögen diese Lage drei Vorgänge aus jenen Jahren zu beleuchten, die wir kurz schildern wollen.

rich II. werden gelesen, freilich die Werbekraft seiner persönlichen Erscheinung wegen diplomatischer Zurückhaltung kritisch gesehen (Carl v. Voss an Leopold v. G. am 8. 3. 1810; Ferdinand Olivier an W. v. G. aus Wien am 22. 1. 1824, dort S. 397, 454, 625; kritisch auch das Tagebuch Ludwig v. G. v. 3. 5. 1817, S. 227). Getadelt wird auch am Staatskanzler Hardenberg, daß seine Maßnahmen eher dem Zeitgeist entsprächen als den Volksgeist zum Ausdruck brächten (W. v. G. an Leopold v. G., 3. 12. 1810).

[147] Vgl. Heinrich Ritter v. Srbik, Metternich, München 1925, Bd. 1, S. 321ff. Dort S. 141 stellt Srbik fest, daß das Irrationale und Unbewußte, das dynamisch-rhythmische Lebensgefühl der R. Metternich nicht ergriffen habe.

[148] Auch Clausewitz kann in seinen Grundanlagen zwar zu den Gegnern des spätabsolutistischen rationalen Staates, den er in dem erstarrten friderizianischen Regime erblickte, gerechnet werden, so wie er ein aufmerksamer Beobachter der politischen und militäri-

1798 erschien in dem Jahrbuch für die preußische Monarchie eine erste Serie der Fragmente von Novalis, darunter das große poetische Gemälde „Glauben und Liebe oder der König und die Königin“, das der hohen Erwartung bei der Thronbesteigung des Königspaares einen lebhaften dichterischen Ausdruck gab, der als Huldigung gedacht war. Diese Veröffentlichung wurde auch bei Hofe gelesen, aber mit einem negativen Resultat. Wir wissen um den Vorgang aus einem im Juli 1798 von Friedrich Schlegel an Novalis gerichteten Briefe.[149] Der König las die nicht leicht zugängliche poetische Darstellung der königlichen Aufgabe, verstand sie nicht und gab sie seinem Generaladjutanten Oberstleutnant von Köckritz zu lesen. Dieser stand der Arbeit mit gleichem Unverständnis gegenüber, und wurde darin von Hofprediger Konsistorialrat Niemeyer bestärkt. So entstand ein Unwille des Königs, man verlange von ihm zu viel. Das wirkte sich darin aus, daß eine weitere geplante Veröffentlichung von Fragmenten Friedrich von Hardenbergs im Jahrbuch durch das Einwirken der Zensur unterblieb.[150] Nichts kann den Abstand zwischen der patriotischen, durchaus monarchisch eingestellten Äußerung von Novalis und der nüchternen Haltung des Königs und seiner Umgebung, die die poetischen Wendungen nicht zu begreifen vermochten, deutlicher beleuchten.

Ein zweiter Vorfall: Als im Sommer 1811 Preußen von Frankreich zum Bündnis gegen Rußland genötigt wurde, das den Feldzug gegen den Zaren ahnen ließ, legte Gneisenau dem preußischen Staatskanzler eine Denkschrift vor, in der für diesen Fall auf die Möglichkeiten des in Tirol und Spanien erprobten Volksaufstandes verwiesen wurde. Sie kam auch dem König vor Augen, der sie sorgsam studierte und mit kritischen Bemerkungen versah, die

schen Entwicklung Frankreichs, zugleich aber deren notwendiger Gegner war; aber der Kern seiner Überlegungen wurzelt in philosophischen und rationalen Gedanken, nicht in Gefühl und irrationaler Verschmelzung. Im Grundzug bleibt sein politisches Denken der konservativen Richtung nahe. Vgl. Ernst Hahlweg, Ausgabe des Werkes „Vom Kriege“, 18. Aufl., Bonn 1972, Vorrede S. 39ff.; Raymond Aron, Cl. et la conception de l'Etat, in: Vom Staat des Ancien Regime zum modernen Parteienstaat. Festschrift für Theodor Schieder, München u. Wien 1978, S. 103ff. Wo bei Cl. moralische Größe und Tugend als entscheidende Faktoren der Kriegsmacht erscheinen (Buch 3, Kap. 3–5, Ausg. Hahlweg S. 356ff.) liegen reale historische Erwägungen, nicht Anknüpfung an romantische Staatsgesinnung vor. Der Begriff des Organischen kommt nur gelegentlich vor (Buch 8, Kap. 6 B), S. 993). Auch der Volkskrieg (Buch 6, Kap. 26) wird in seinen moralischen Momenten nicht vom Gefühl her gesehen, sondern nüchtern eingeschätzt.

149 Schilderung des Vorgangs bei Fritz Samuel im Vorwort zu Novalis, Glaube u. Liebe, Schriften (Anm. 3), Bd. II, S. 485ff.; ferner Rudolf Haym, Die romantische Schule, Berlin 1870, S. 339ff.; Ernst Behler, Europ. Romantik (Anm. 9), S. 96. Die Vorgänge in Berlin werden geschildert in dem Briefe von Friedrich Schlegel an Novalis von Ende Juli 1798, in: Friedrich Schlegel und Novalis. Biographie einer Romantikerfreundschaft in ihren Briefen, hrg. von Max Preitz, Berlin 1957, Nr. 48, S. 122 und Nr. 49 vom 9. 8. 1798, S. 125.

seinen Zweifel an der Ausführbarkeit einer solchen Erhebung zeigen. Dort, wo Gneisenau empfahl, bei einem Aufstand die Geistlichkeit aller christlichen Konfessionen zur Stärkung des Widerstandsgeistes einzusetzen, schrieb der König an den Rand: „Als Poesie gut." Gneisenau, dem das Aktenstück wieder zuging, fügte an dieser Stelle als Antwort hinzu: „Religion, Gebet, Liebe zum Regenten, zum Vaterland, zur Tugend sind nichts anderes als Poesie, keine Herzenserhebung ohne poetische Stimmung. Wer nur nach kalter Berechnung handelt, wird ein starrer Egoist. Auf Poesie ist die Sicherheit der Throne gegründet ...". Auch hier zeigt sich, wie wenig die führende Schicht der Zeit bereit war, Gedanken romantischer Art aufzunehmen, wie sehr sie der rationalen älteren Denkart, hier der höheren Einschätzung ausgebildeter Truppen anhing. Es mag dabei offen bleiben, ob nicht der König in seiner skeptischen Beurteilung eines Aufstandes der größere Realist war. Auf der anderen Seite sind die Gedanken Gneisenaus hier erkennbar von Zügen der romantischen Staatsgesinnung bewegt.[151]

Endlich eine dritte Meinungskontroverse, diesmal mit etwas anderem Akzent: Im Jahre 1814 trat in mehreren zündenden Artikeln im Rheinischen Merkur Josef Görres dafür ein, das Elsaß dem deutschen Gebiet wieder zurückzuholen, zu dem es in Sprache und Kultur gehöre. Diese Forderung veranlaßte Friedrich von Gentz, der vielen Romantikern persönlich nahestand, zu einer Antwort, in der die großen staatsmännischen Gesichtspunkte dargelegt wurden, die die Verbündeten veranlaßten, von solchen Bestrebungen abzusehen. Nicht der Rache solle der Friede dienen, es sei notwendig, dem tief zerrütteten französischen Staat zur Wiedergeburt zu helfen, damit die Dauer eines großen Friedens gefestigt werde. Dazu gehöre auch die Stärkung des französischen Thrones als eines Moments der europäischen Ordnung.[152]

[150] Im ersten Briefe bemerkt Schlegel, daß man hinter dem anonym erschienenen Aufsatze die Brüder Schlegel vermute: Es ist nämlich für ihn [Niemeyer] wie für manche Philister Axiom: was man nicht versteht, hat ein Schlegel geschrieben. Im zweiten Brief ist inzwischen die Vermutung fündig geworden: Man meint, ein Neveau des Ministers Hardenberg sei der Autor.

[151] Die Denkschrift vom 8. 8. 1811 ist abgedruckt bei G. H. Pertz, Das Leben des Feldmarschalls Grafen Neithardt von Gneisenau, Berlin 1868, Bd. 2, S. 106ff. Die Bemerkung des Königs dort S. 137. Ferner Abdruck in: A. W. A. Neithardt von Gneisenau, Denkschriften zum Volksaufstand 1808 und 1811, hrg. v. Harald von Koenigswald, Berlin 1936. Dort die Bemerkung des Königs S. 62. Bekanntlich schied Gneisenau im März 1812 bei Realisierung des französischen Bündnisses aus dem preußischen Dienste aus. (Pertz, Das Leben des Ministers Frhr. vom Stein, Berlin 1851, Bd. 3, S. 26, 29.)

[152] Siehe J. v. Görres, Rheinischer Merkur v. 19. 5. 1814 „Teutschlands Grenze die der teutschen Sprache", Wiedererwerb des Elsaß und Lothringens (Werke, hrg. v. Marie Görres, Bd. 1, S. 434, 437); v. 6. 8. 1814, Nr. 98 (Elsaß solle mit uns sein), Bd. 2, S. 70ff.; 1815 wird diese Forderung erneuert (Bd. 3, S. 154ff.). Gegen ihn wandte sich Friedrich von Gentz in der Schrift „Über den zweiten Pariser Frieden" (1815/16), Staatsschriften

Diese drei Ereignisse mögen genügen, um den Abstand zu verdeutlichen, in dem sich die Romantik mit ihren Anschauungen zu der führenden Schicht befand, die zwar ihre Dienste zu nutzen wußte, die auch ihren patriotischen Empfindungen freundlich gegenüberstand, die aber noch in den Formen und Werten der aus der Aufklärung kommenden kühlen Staatskunst dachte.

Es wäre auch unrichtig, eine enge Beziehung der Romantik zur preußischen Reform herzustellen. Weder der Freiherr vom Stein noch Hardenberg zeigen romantische Züge. Ihr Werk nahm viel auf von den Vorgängen der französischen Revolution, deren zwingende geschichtliche Wandlung sie besser erfaßten als die antirevolutionär gerichteten Autoren, und auch der große Gedanke der Heranziehung des Bürgers in Gemeinde und Staat bei Stein stammt aus anderen Überzeugungen als denen romantischen Staatsgefühls.[153] Der alternde Stein weist vielleicht in seiner Zuneigung zum ständischen Denken und seiner künstlerischen Einstellung – er ließ sich in seinem Hause in Nassau als Reinald von Dassel in einem historischen Bilde malen – eher einige, aber mehr äußere Beziehungen zur Romantik auf. Es bleibt auf der anderen Seite anzuerkennen, daß sich viele der Romantiker nach 1806 der nationalen Idee zuwandten und sich aktiv in der Widerstandsbewegung gegen die napoleonische Fremdherrschaft beteiligten. Das gilt in besonderem Maße für Heinrich von Kleist (Hermannsschlacht)[154], für Friedrich Schlegel, der 1809 Aufrufe für Erzherzog Carl verfaßte und in dessen Dienst stand[155], wie für seinen Bruder August Wilhelm, der im Norden für die kommenden Dinge warb. Die preußischen Reformen dagegen stießen bei Adam Müller in seinen Berliner Jahren, als er der märkischen Opposition nahestand, eher auf Kritik, und erst spät finden wir sie bei Eichendorff in ihren Grundzügen anerkannt.[156] Unter den Vorkämpfern für die Erhebung hat vor allem auch Görres seinen Platz. So wie aber nach 1815 seine Aufmerksamkeit sich nun auf die inneren Fragen

und Briefe, hrg. v. Hans v. Eckart, München 1921, Bd. 2, S. 3ff. Bei harten Bedingungen für Frankreich hätte sich zu der Dynastie und Frankreich ein Bruch ergeben.

153 Zu Stein und Hardenberg siehe Fritz Valjavec, Die Entstehung der politischen Strömungen in Deutschland 1770–1815, München 1951, S. 385ff.

154 Bei Heinrich von Kleist steigert sich die nationale Idee zu leidenschaftlichen Formen, sowohl in der Hermannschlacht wie in dem „Katechismus der Deutschen“ (1809). Zum letzteren siehe Rudolf Köpke, Heinrich v. Kleists Politische Schriften, Berlin 1862, S. 82ff. und zur Hermannschlacht Benno v. Wiese (Anm. 24), S. 331ff. Vgl. auch J. Baxa, Einführung (Anm. 3), S. 98f.; Ernst Behler, Europ. R. (Anm. 9), S. 111ff. Harte Kritik findet Kleist rückblickend bei Eichendorff, Über die ethische und religiöse Bedeutung der neueren Poesie in Deutschland, Leipzig 1847, S. 216ff., wo ihm ethische Maßlosigkeit und der Hermannschlacht „Poesie des Hasses“ vorgehalten wird.

155 1809 schließt sich Fr. Schlegel der Armee des Erzherzogs Carl an und verfaßt dessen Armeebefehl v. 6. 4. 1809 wie den Aufruf an die deutsche Nation v. 8. 4. 1809. Siehe Ernst Behler, Einleitung zu Krit. Ausgabe der Werke, Bd. VII, S. LXVIIIff. August Wilhelm Schlegel geht 1812/13 nach Schweden. Vgl. Kluckhohn, Ideengut (Anm. 27), S. 98.

richtete, geriet er mit dem preußischen Staat in Konflikt, wenn er nun für Reformen und eine Volksvertretung eintrat und sich gegen die Verfolgung des Tugendbundes wandte. Der Rheinische Merkur wurde im Januar 1816 verboten, und die Schrift über Teutschland und die Revolution führte zu seinem Weggang ins Ausland. Es bleibt für die geistige Höhe der Zeit immerhin bemerkenswert, daß sich in diesen Auseinandersetzungen der Staatskanzler Hardenberg 1818 selbst die Mühe nahm, eine Antwort auf eine Eingabe Hardenbergs zu erteilen.[157] Der damalige preußische Staat war ungeachtet seiner restaurativen Haltung nicht unfähig, die Bedeutung von Personen anzuerkennen und mit Gegensätzen umzugehen.

Was die politische Theorie anlangt, so trat in ihr eine Auswirkung neuer Gedanken erst allmählich, jedenfalls erst nach 1815, ein. Die eigentliche Staatslehre blieb unter der Führung ihres angesehensten Vertreters, Johann Ludwig Klüber, auf dem festen Grunde der überlieferten Begriffswelt. Sein berühmtes „Öffentliches Recht des Teutschen Bundes" fängt noch in der Auflage von 1840 mit einem ganz in die Aufklärung weisenden Begriff des Staates an:[158] „Der Staat ist eine bürgerliche Gesellschaft mit einem bestimmten Landesbezirk, zu allseitiger Sicherheit. Nur in Verträgen, ausdrücklichen oder stillschweigenden, ist der rechtliche Enstehungsgrund dieses Sicherheitsbundes, dieser Schutzanstalt, dieses collectiven Subjektes von Rechten und Pflichten zu suchen." Ähnliche Definitionen mit starken Anklängen an die spätnaturrechtliche Lehre lesen wir auch noch in den dreißiger Jahren in anderen Lehrbüchern des öffentlichen Rechtes.[159] Allein die in ihnen angeführte staatsrechtliche Literatur, die tief in das 18. Jahrhundert zurückreicht, zeigt die fortdauernde juristische Tradition, die keinen Bruch erfuhr. Daneben finden sich aber nun, wir haben früher schon Dahlmann zitiert, doch auch andere Stimmen. Unter Verweis auf Savigny bezeichnet Schmitthenner Familie und

[156] Eichendorff, Preußen und die Konstitutionen, Werke (Anm. 93), Bd. 10, S. 303ff.

[157] Zu diesen Auseinandersetzungen siehe J. v. Görres, Werke, hrg. v. Marie Görres, Bd. 4, S. 496ff.; der Brief Hardenbergs dort S. 524.

[158] Johann Ludwig Klüber, Öffentliches Recht des Teutschen Bundes, 5. Aufl. 1840. Ihn bezeichnet Robert v. Mohl, Die Geschichte und Literatur der Staatswissenschaften, Erlangen, Bd. 2 (1856), S. 476 als den ersten Staatsgelehrten in der öffentlichen Meinung Deutschlands. Die Stelle dort S. 3.

[159] Hier ist namentlich Romeo Maurenbrecher, Grundzüge des heutigen deutschen Staatsrechts, Frankfurt 1837, zu nennen, der wie das späte Naturrecht den Staat aus dem Zweck der Nützlichkeit und Sicherheit ableitet und hierbei noch den alten Begriff der „Glückseligkeit" verwendet (S. 26–29). Auch Friedrich Ancillon – Über den Geist der Staatsverfassungen und dessen Einfluß auf die Gesetzgebung, Berlin 1825 – definiert die Grundlage des Staates im Vernunftrecht und die Freiheit im Bewußtsein, vernunftgemäß regiert zu werden (S. 16, 20). Ähnlich bereits in: Über die Staatswissenschaft, Berlin 1820, S. 6. Er lehnt allerdings den Staatsvertrag ab und gründet den Staat in der Natur des Menschen (Über Souveränität und Staatsverfassungen, Berlin 1815, S. 8).

Staat als ethische Lebensformen, sieht das Rechtssystem eines Volkes als Organismus an und leitet den Staat aus einer Idee ab, die den sittlichen Charakter des Staates bestimmt.[160] Hier wirken verschiedene Einflüsse zusammen, zu denen auch der organische Gedanke der romantischen Anschauung gehört. Ebenso sehen wir solche Einwirkungen, wenn bei Zoepfl der Staat nicht als uranfänglicher Zustand der Menschheit bezeichnet, sondern als Ergebnis einer sittlichen Entwicklung der Menschheit definiert wird.[161] In einer ausgebreiteten, historische, geographische, physische und ethnologische Gesichtspunkte einbeziehenden Darstellung hat Carl Salomo Zachariae in seinen vierzig Büchern vom Staate ein Werk geschrieben, das über die rationale Theorie des Naturrechts weit hinausführte in die Weite einer universalen Betrachtung, wie sie in manchen Stücken die romantische Schule eröffnet hatte.[162] Aber im Ganzen bleibt es wohl richtig, was neuere Forschungen auch wohl stärker herausstellen, daß in der ersten Hälfte des 19. Jahrhunderts nicht nur im Josephinismus Österreichs, sondern auch im Süden und Norden kräftige Ströme der späten Aufklärung, gerade auch im frühen Liberalismus, weiterwirken und direkte Linien sich von hier auf die sich um die Mitte des 19. Jahrhunderts bildende realistisch-positive Wissenschaftsrichtung übertragen.[163] Sicherlich stehen dabei an Einfluß auf die Staatslehre die philosophischen Autoren, Kant, Fichte, Schelling und vor allem Hegel, voran.[164] Neben ihnen gewinnt Carl Ludwig von Haller eine Beachtung, doch begegnet ihm auch oftmals Kritik.[165] Wie weit Friedrich Schlegels Vorlesungen in weitere Bereiche der Theorie hinein gewirkt haben, ist schwer zu erkennen. In den Werken des Staatsrechts begegnet er nicht. Selbst der fleißige Robert von Mohl, der immerhin Adam Müller einen Abschnitt widmet[166], bringt für Schlegel in seiner Geschichte und Literatur der Staatswissenschaft nur wenige Zeilen auf.[167] Es bleibt also dabei, daß wir nur Einzeleinwirkungen romantischen Geistesgutes beobachten können, die vor allem in den beiden Gesichts-

[160] Friedrich Schmitthenner, Grundlinien des allgemeinen oder idealen Staatsrechts, Gießen 1843, S. 266f.

[161] Heinrich Zoepfl, Grundsätze des allgemeinen und des constitutionell-monarchischen Staatsrechts, 3. Aufl. Heidelberg 1846, S. 2/3. Hier wird der Staat ein lebendiger Organismus genannt (S. 4), der seinen Grund in sich trägt. Hier ist Einfluß von Hegel (auch dort zitiert) zu bemerken.

[162] Carl Salomo Zachariae, Vierzig Bücher vom Staate, 1. Aufl. 1820–33, 2. Aufl. Heidelberg 1839–1843. Die Grundlagen dieses stark eklektischen Werkes sind schwer überschaubar.

[163] Zur Entstehung des Positivismus siehe Franz Wieacker, Privatrechtsgeschichte der Neuzeit, 2. Aufl. 1967, S. 430ff. In der Tat ist wohl die Verknüpfung mit der älteren Richtung im Privatrecht – trotz der historischen Rechtsschule – sichtbarer.

[164] Diese vier sind genannt bei Maurenbrecher (Anm. 159), S. 18. Unter ihnen ist sicherlich der Einfluß Hegels in bestimmter Richtung der bedeutendste. Vgl. Wieacker (Anm. 163), S. 413f.

[165] Ihm schreibt Robert v. Mohl, Geschichte und Literatur der Staatswissenschaften, Erlangen

punkten liegen, denen wir uns nun zuwenden wollen, der Hinneigung zur Geschichte und zum Mittelalter und der Herausstellung von Volk und Nation. Darüber hinaus wirkt sich der Anteil der romantischen Lehre an der Aufnahme der Idee des Organismus aus.

Versuchen wir zusammenzufassen. Die politische Romantik hat keine eigene geschlossene Staatslehre entwickelt, aber sie hat der zeitgenössischen Anschauung eine Reihe von Gedanken und Impulsen vermittelt, die ihre Abwendung vom spätnaturrechtlichen Rationalismus, ein neues Bild des Staates als einer ursprünglichen, der Natur des Menschen verbundenen Gemeinschaft und eine Betonung der geschichtlich gewordenen Formen befördern halfen. Von der frühen Romantik ging eine entschiedene Abkehr von dem rationalen, „mechanistischen" Denken des späten Naturrechts aus, die dessen Ablösung durch eine neue Sicht des Staates forderte, die in ihm nicht eine eudämonistischen Zwecken dienende vertragliche Einigung, sondern eine umfassende, den Menschen auch in seiner Gesinnung beanspruchende Gemeinschaft sah, und die das lebendige Element des Staatslebens in Empfindung und Staatsgesinnung erblickte. Besonders Adam Müller hat in seinem Werk die notwendige Verflechtung des Menschen in den Staat gelehrt, dessen Bau er auf die geschichtlichen Ordnungen der ständischen Gliederung gegründet erachtete. Am ehesten in der Spätzeit, in den Wiener Vorlesungen Fr. Schlegels, in Müllers Schrift „Von der Notwendigkeit einer theologischen Grundlage der gesamten Staatswissenschaften und der Staatswirtschaft insbesondere" (Leipzig 1819) kommt es zur Ausbildung festerer Züge eines einheitlichen Staatsbildes, das nun vor allem geschichtlich fundiert wird und die religiösen Züge des christlichen Staates trägt. Dabei vollzieht sich im romantischen Denken in diesen Jahrzehnten ein allmählicher Wandel in der Einschätzung der westlichen, vor allem französischen Ideen. Die frühe Romantik öffnet sich noch dem Rufe der Revolution nach Freiheit und Gleichheit, aber

1853–58, Bd. 1, S. 257 große Bedeutung zu. Fr. Schlegel hingegen sieht in der „Signatur des Zeitalters" (1823, Werke Bd. VII, S. 493) in seiner antirevolutionären Polemik eine falsche Richtung. Zu Haller vgl. auch Ernst Rudolf Huber, Deutsche Verfassungsgeschichte, Bd. 2, Stuttgart 1960, S. 328f.

166 R. v. Mohl, Bd. 1, S. 254ff.

167 Bd. 3, S. 379.

168 Vgl. Novalis, Glauben und Liebe, Fragment Nr. 23. Gegen ein äußeres Bild der Republik mit Primär- und Wahlversammlungen und Freiheitsbäumen (Werke Bd. II, S. 490). In Fr. Schlegels „Republikanismus" nehmen Freiheit und Gleichheit ihren Platz unter den aus der Revolution aufgenommenen Ideen ein (Werke Bd. VII, S. 11ff.). Später in den Vorlesungen über die neuere Geschichte hat die Freiheit sich in die Ordnung des Ganzen einzufügen (dort S. 156) und in der „Signatur des Zeitalters" wird der Gedanke der absoluten Freiheit ausdrücklich abgewiesen (dort S. 500). Siehe auch „Philosophie der Geschichte" 15. Vorl., Werke Bd. IX, hrsg. von J. J. Anstett, Stuttgart, München, Paderborn, Wien 1971, S. 327.

schon vor 1800 wendet sich Novalis von der Vorstellung einer auf rechtliche Institutionen gegründeten politischen Freiheit ab und richtet den Blick auf die innere Erfüllung der staatlichen Gemeinschaft.[168] Das Denken der Romantiker durchzieht die Idee der politischen Freiheit, doch erblicken sie deren Erfüllung nicht in den westlich-liberalen Formen einer geschriebenen Verfassung, der Teilung der Gewalten und der Rechte der Volksvertretung, als in der Fortführung der geschichtlichen Formen, der Darstellung eines ständisch gegliederten Volkskörpers unter monarchischer Leitung. Zeigt sich die frühe Romantik noch für die Ideen der Revolution von Freiheit und Gleichheit geöffnet, so gewinnen später die Ablehnung der revolutionären Einrichtungen und die Hervorhebung der fürstlichen Position immer mehr den Vorrang, auch wenn der Gedanke einer Verfassung bei Eichendorff nicht abgelehnt wird und bei Görres eine positive Zustimmung findet. Diese Auffassungen, die die späte Romantik vortrug, entsprachen weithin im politischen Ringen der Zeit einer Stellungnahme für das monarchische Prinzip, und infolge dieser deutlich ausgeprägten restaurativen Tendenz blieb die Auswirkung dieser Anschauungen begrenzt, um nach 1830 mehr und mehr zurückzutreten.[169]

Für diese spätere Zeit ist die Verbindung des Staatsbildes mit religiösen Grundlagen ein hervortretender Zug. Demgegenüber gab die frühe Romantik einem religiösen Empfinden, in einem oft allgemeinen, nicht spezifisch christlichen Sinne, eine Stelle in ihrem Denken, die aber neben anderen prägenden Zügen, der Versöhnung der Gegensätze, der Ironie, nicht entscheidend hervortrat. Nur wo der Blick auf das Mittelalter fiel, trat auch der christliche Geist stärker hervor.[170] Fr. Schlegels durch seine Konversion (1808) bezeugte Wendung führt in der Folge zu betonterer Hervorhebung der christlichen Seite des Staates, wieder in besonderem Maße bei der Hinwendung zum Mittelalter, aber auch für die Gegenwart in dem Begriff des christlichen Staa-

[169] Zur konservativen Theorie der Epoche mit ihrer Abweisung der Repräsentativverfassung siehe Hartwig Brandt, Landständische Repräsentation im deutschen Vormärz, Neuwied 1968, S. 47ff.; dort S. 64ff. zu Ad. Müller und Fr. Schlegel.

[170] Zur religiösen Haltung der frühen Romantik siehe P. Kluckhohn, Ideengut (Anm. 27), S. 131ff.; Ernst Behler, Vorrede zu Schlegels Werken Bd. VIII (1975), S. XIXff.; E. R. Huber, Verfassungsgeschichte (Anm. 165), Bd. 2, S. 324ff.

[171] In der „Signatur des Zeitalters" (1823) hebt Fr. Schlegel als Zeichen des christlichen Staates hervor die Anerkennung der Würde des Menschen, seine friedliche Tendenz, den Schutz von Familie und Ehe und das Zusammenwirken der Korporationen (Werke Bd. VII, S. 565ff.). Der christliche Staat erscheint auch bei Eichendorff, Neuere Poesie (Anm. 154), S. 38ff. (Verbindung mit der Monarchie). Bei Görres gewinnt im Spätwerk das religiöse Moment ein großes Gewicht: Über Grundlage, Gliederung und Zeitenfolge der Weltgeschichte (1829), 2. Aufl. Regensburg 1879.

tes.[171] Dieser Gedanke, der dann in den dreißiger Jahren auf einer anderen theologischen und philosophischen Basis bei Friedrich Julius Stahl aufgenommen wurde, trug in den Augen der Zeitgenossen freilich sichtbar restaurative Züge. Er verband sich mit inneren Erneuerungsbestrebungen der katholischen Kirche[172], die diese vom Rationalismus der Aufklärung hinwegführten. Für die protestantische Theologie war es vor allem Schleiermacher, der in der Erneuerung des individuellen religiösen Erlebens wie in seiner Ausprägung einer organischen, auf das Staatsbewußtsein gegründeten Philosophie des Staates wesentliche Einwirkung auf die Fortentwicklung ausübte.[173] Auf sie muß ich hier verzichten näher einzugehen, weil eine solche Betrachtung zu weit in das Feld der theologischen Strömungen des Zeitalters führen würde, als daß im Raum dieses Vortrages eine Untersuchung möglich wäre. Ich bin mir bewußt, daß das eine wichtige Lücke bedeutet, aber die Beschränkung eines Vortrags erlaubt es nur, gewisse Hauptlinien zu verfolgen.

Waren in der Kritik Hegels an der Romantik mehr ihr Subjektivismus, ihre aphoristische Neigung ohne Systembildung und die Ironie, als Zeichen der subjektiven Einstellung, die seine Kritik auslösten[174], so richtete sich innerhalb der hegelschen Linken der Tadel auch vor allem gegen die restaurative Richtung der späten Romantik, ihre antirevolutionäre, katholische Einstellung. Es ist diese kritische Auseinandersetzung, die stark weitergewirkt und auch die spätere marxistische Haltung beeinflußt hat.[175] Sie erhebt sich seit den dreißiger Jahren, in denen sich die politischen und geistigen Strömungen der Zeit neuen, an westlichen Freiheitsgedanken und an kritischer Wendung gegen die monarchische Position ausgerichteten Ideen zuwendet. Nun wird den Romantikern, vor allem in ihrer Ausprägung der Wiener Spätzeit, ein Haften an ständischen Vorlieben, an übermäßiger Betonung des monarchischen Elements, auch am „christlichen Staat" vorgeworfen. Diese Kritik hat nicht nur nach der Wende der geistigen und politischen Strömungen, die nach

[172] Mit dieser sind die Namen Sailer und Möhler verbunden. Zu dieser Lösung vom Geist der Aufklärung und Vertiefung der religiösen Gemeinschaft siehe Philipp Schäfer, Der Weg der Auseinandersetzung mit dem Rationalismus der Aufklärung zum Verständnis der Kirche als lebendige Gemeinschaft, in: Brinkmann, R. in Deutschland (Anm. 33), S. 475ff. sowie Bernhard Casper, dort S. 490ff.

[173] Siehe Günther Holstein, Die Staatsphilosophie Schleiermachers, Bonn u. Leipzig 1922.

[174] Zu Hegels Kritik an der Romantik siehe Otto Pöggeler, Hegels Kritik an der Romantik, Bonn 1956.

[175] Arnold Ruge faßte seine Kritik zusammen in dem Manifest: „Der Protestantismus und die Romantik". Verständigung über die Zeit und ihre Gegensätze, Hallische Jahrbücher 1839/40, Neudruck 1972. Zur Kritik an der Romantik und ihrer Weiterwirkung in der neueren marxistischen Literatur Ernst Behler, Europäische Romantik (Anm. 9), S. 39ff.

1840 eintrat und die es geraten erscheinen läßt, hier einen Endpunkt zu setzen[176], sondern auch für weitere Jahrzehnte fortgewirkt und eine Distanzierung von der Romantik hervorgerufen, die noch bei Haym nachklingt.[177] Aber es würde zu weit führen, hier weiter auf die Nachgeschichte der romantischen Gedankenwelt einzugehen. Wir haben vielmehr nun andere Gedanken ins Auge zu fassen, mit denen sie unzweifelhaft in erheblichem Maße auf die Anschauungen ihrer Epoche eingewirkt hat; das betrifft die Zuwendung zur Geschichte, die Erschließung des Mittelalters, die zwar nicht auf die romantischen Autoren beschränkte Aufnahme des Organismusgedankens und sodann die Bedeutung, die romantische Auffassungen für die Ausbildung der Ideen über Volk und Nation gewannen.

IV. Die Erschließung der Geschichte

Zu den bedeutendsten Auswirkungen der Romantik gehört ihre Zuwendung zur Geschichte, vor allem auch der eigenen Vergangenheit des deutschen Mittelalters. Gewiß ist auch bereits das 18. Jahrhundert stark historisch interessiert, und Montesquieu wie Herder haben hier den Weg zu einem Verständnis der Herkunft der Gegenwart gewiesen, aber, wie Friedrich Schlegel in einer frühen Rezension zu Condorcet richtig erkannt hat, überwiegend dient der Aufkärung die Geschichte mehr im moralisch-paradigmatischen Sinne als Beispiel – das gilt auch für Voltaire –, während die Romantik sie als Gang der Veränderung und Entwicklung des Menschen auffaßt.[178] Geschichte ist für

[176] In der Diskussion sind gegen diesen Endpunkt insbesondere von Prof. Stern Bedenken erhoben worden. Eigentlich erst nach ihm habe sich in der Wirklichkeit das romantische Gedankengut in der nationalen Einheitsbewegung voll ausgewirkt. Für die theologische Entwicklung hat Prof. Schneemelcher auf andere Spätwirkungen hingewiesen. So richtig diese Bemerkungen sind, so möchte ich doch an dieser Zeitgrenze festhalten. Sie kennzeichnet jedenfalls das Ende der unmittelbaren Wirkungsgeschichte der Romantik im politisch-sozialen Felde. Denn um diesen Zeitpunkt vollzieht sich in der allgemeinen geistigen Strömung eine Zuwendung zu einer neuen, stärker westlich-liberalen Richtung und wachsender Kritik an dem monarchischen Regime, die nun bereits in die Vorbereitung der Bewegung von 1848 einmündet.

[177] Vgl. R. Haym, Die romantische Schule, Berlin 1870, S. 3f., der von der Erinnerung an die romantisch aufgefärbten freiheitsfeindlichen Ideen spricht, die für lange Zeit die Romantik aus der Gunst gebracht hätten.

[178] Fr. Schlegel, Rezension über „Esquisse d'un tableau historique des progrès de l'esprit humain" von Condorcet (1795). Hier wird schon Geschichte als die Veränderung des Menschen bezeichnet (Werke Bd. VII, S. 4ff.).

[179] Carl von Dalberg, Von der Erhaltung der Staatsverfassungen, Erfurt 1795, S. 14. In dieser positiven Einschätzung des alten Reiches in seiner späten Zeit begegnet sich Dalberg

das romantische Denken vom Menschen eine notwendige Dimension seines Lebens, das nicht rational allein der Gegenwart zugewandt sein kann, sondern dessen Wurzeln in die von der Vergangenheit gebildeten Institutionen und Lebensformen hinabreichen. Die Zeit, die die Romantiker durchlebten, war dazu angetan, ein Verständnis für die Geschichte und für ihre Kräfte zu erwecken. Indem Altes fiel, neue universale Tendenzen in Europa aufstiegen, um im Widerstande der nun erweckten nationalen Einheiten wieder zu stürzen, und die alten Mächte ein tief verändertes Europa neu formten, erhielten in rasch wechselnder Sicht des europäischen Schicksals die Grundelemente geschichtlichen Wandels, denen die Philosophie Hegels nachging, wie die Besinnung auf die bleibenden Fundamente der europäischen Nationalentwicklung, die der romantischen Öffnung zur Geschichte das Signum gaben, tiefere Bedeutung. Den Ausgang des 18. Jahrhunderts beherrschte in Deutschland weithin noch das Gefühl, in einem alten, aber immer noch wohnlichen Gebäude zu hausen, wie es dem immer noch lebendigen Reichsgedanken entsprach. Ihm gab der mainzische Statthalter in Erfurt, Carl von Dalberg, Ausdruck, wenn er in einer Rede vor der Akademie nützlicher Wissenschaften in dieser Stadt meinte: „Die meisten europäischen Staatsverfassungen gleichen einem dauerhaften gothischen Gebäude, das eben nicht nach allen Regeln der Baukunst errichtet ist, in welchem man aber sicher wohnet."[179]

Nur wenige Jahre trennen diesen zuversichtlichen Ausspruch von der kritischen Einsicht des jungen Hegel, der in seiner Schrift von der Verfassung Deutschlands den Untergang des kraftlos gewordenen Reiches als eine geschichtliche Notwendigkeit begriff.[180] Wenn sich mehrere Zeitgenossen, Fichte

mit zeitgenössischen Äußerungen, die vor dem Einwirken der französischen Heere in Deutschland liegen. So meint August Ludwig Schlözer, der Göttinger Staatswissenschaftler, in seinem Buch „Allgemeines Staatsrecht und Staatsverfassungslehre", Göttingen 1793, S. 163, daß die deutsche Verfassung dem Volksglück angepaßt sei, wenn sie auch der Reformen bedürfe. Auch Häberlin beteiligte sich an diesem Lob der deutschen Verfassung in seinem Aufsatz „Über die Güte der deutschen Staatsverfassung" (Deutsche Monatsschrift, Januar 1793), den er noch in seinem Handbuch des Deutschen Staatsrechts, 2. Ausg. Frankfurt u. Leipzig 1802, in der Vorrede der ersten Ausgabe zitiert, wenngleich die Vorrede zur 2. Ausgabe nun schon Zweifel am Gegenstand erkennen läßt. Diese Empfindung, ungeachtet vieler Mängel in einer glücklichen Verfassung zu leben, war in der Staatslehre des späteren 18. Jahrhunderts weit verbreitet. Siehe Karl Othmar von Aretin, Heiliges Römisches Reich 1776–1806, Wiesbaden 1967, Bd. 1, S. 94f., und erst am Ende des Jahrhunderts trat eine Untergangsstimmung ein (dort S. 106f.).

[180] G. W. F. Hegel, Die Verfassung Deutschlands, hier zitiert nach der Ausgabe von Georg Mollat, Stuttgart 1935, der gegenüber der Abdruck bei Jürgen Habermas, Politische Schriften, Hamburg 1966, keine Verbesserungen aufweist. Dort wird von Hegel nun der Untergang des Reiches als eigenes Gebilde vorhergesehen (S. 10).

wie Hegel, dem Studium Machiavellis zuwandten[181], und damit die Bedeutung der politischen Idee im Kampf der Mächte zu erkennen suchten, so blieb bei den Romantikern der frühen Jahre der Gedanke des Friedens in der politischen Stille der Jahre nach dem Baseler Frieden, der dem deutschen Norden ein Jahrzehnt trügerischer und inselhafter Sicherheit gab, erhalten.[182] Erst die Katastrophe von 1806 und die wachsende Einsicht in die imperialistische Seite der französischen Bewegung unter dem napoleonischen Empire führten eine Wende herbei, die nun der Betonung des Kampfes um Recht und Freiheit und dem nationalen Gedanken zugute kam, dem Fichte in seinen „Reden an die deutsche Nation“ Ausdruck verlieh und der in Heinrich von Kleist's leidenschaftlichen Äußerungen sich ebenso manifestierte wie er bei Friedrich Schlegel in seinen im Jahre 1809 für den österreichischen Freiheitskampf geschriebenen Aufrufen eine würdige Gestalt erhielt.[183]

Nicht von der Macht und dem historischen Ringen der Völker her, wie bei Hegel, wird die Geschichte bei den Romantikern gesehen, sondern sie erscheint als Weg der allmählichen Entfaltung des menschlichen Geistes, als Ausdruck sowohl der universellen Ideen von Kirche und Reich im Mittelalter wie als Hintergrund der Ausbildung der Vielfalt und Individualität der europäischen Nationen. Sie gewinnt ihren Gehalt vor allem als Universal-

[181] Bei Hegel wird Machiavelli in der Schrift über die Verfassung Deutschlands ausführlich als Rufer zur Einheit seines Volkes, das seinem politischen Untergang zueilt, gewürdigt (Ed. Mollat, S. 93ff.). Bei Fichte, dessen Studie „Über Machiavelli als Schriftsteller“ 1807 in Königsberg geschrieben wurde und in der Zeitschrift „Vesta“ erschien (Abdruck in J. G. Fichtes nachgelassenen Werken, hrg. v. J. H. Fichte, Bd. 3, Berlin 1835, S. 401ff.), ist es die Zuwendung M.s zur Wirklichkeit des Staatslebens und seine Einsicht in die gegensätzliche Relation der Staaten untereinander mit der Gefahr des Krieges, die ihm als eine „ernstere und kräftigere Ansicht der Regierungskunst“ nun gegenüber der flachen und kränklichen Zeitphilosophie des abgelaufenen Jahrhunderts erscheint. Vgl. hierzu Fr. Meinecke, Weltbürgertum und Nationalstaat, 7. Aufl., hrg. v. Hans Herzfeld, München 1969, S. 90ff.

[182] Hier darf auch an Kants Schrift vom ewigen Frieden erinnert werden, die bei den Romantikern eine gute Aufnahme fand. Novalis verbindet in „Glauben und Liebe“, Fragment 16, den Monarchen mit der Idee des ewigen Friedens (Werke Bd. II, S. 488) und Fr. Schlegels Schrift über den „Republikanismus“ knüpft ausdrücklich an Kants Schrift an. Sie endet mit der Aussicht auf einen durch eine allgemeine Republik beförderten Frieden (Werke Bd. VII, S. 22). 1796 folgt eine Rezension von Kants Schrift.

[183] Fichte läßt schon in den Grundzügen des gegenwärtigen Zeitalters (Vorlesungen zu Berlin 1804/05, veröffentlicht 1806) eine neue Bewertung des Machtstrebens der stets zu ihrem Vorteil bedachten Staaten und des allgemeinen Ringens erkennen (Sämtl. Werke, hrg. v. J. H. Fichte, Bd. 7, S. 210f.). Die Reden an die deutsche Nation (Winter 1807/08, dort Bd. 7, S. 259ff.) greifen in der Vorrede nochmals auf die Machiavelli-Studie (Anm. 181) zurück, geben dem Gedanken des Vaterlandes ein tieferes Fundament in der Individualität und Bestimmung des Volkes und leiten zum Gedanken der Nationalerziehung über. Zu Heinrich von Kleist siehe oben Anm. 154, zu Schlegel Anm. 155.

geschichte, der sich Friedrich Schlegel wie Joseph von Görres zugewandt haben.[184] Geschichte bedeutet auch für Schelling, der zu ihr sich in seiner Jenenser Zeit äußert, keine absolute Gesetzlichkeit, aber sie entbehrt nicht des höheren Sinnes.[185] In der späteren Zeit wird in der geschichtlichen Sicht das religiöse Moment stärker betont, ohne daß doch die Konversion bei Friedrich Schlegel eine Enge in der Beurteilung der Reformation hervorruft. Gerade wenn sich die Romantik abkehrt von dem Reformeifer und der Vorliebe für rationale Neugestaltung, die sowohl der späten Aufklärung wie der französischen Revolution und der napoleonischen Administration zu eigen war, denen allen die Aufstellung und Vollstreckung rationaler Pläne und Entwürfe der einheitlichen Neuformung gemeinsam waren, desto stärker wird die Bedeutung der Geschichte, in der die Menschen ruhen und in der sie ihr Vorbild und ihre erlebte Formung finden.[186] So wenig die Romantik die Idee der Rückwendung zum Primitiven, Naturhaften bei Rousseau aufnahm[187], sie fand doch andererseits in der älteren Zeit, vor allem dem Mittelalter, das Vorbild einer gegliederten, alle Kreise umfassenden Lebensgemeinschaft. So konnte ihr die ältere Zeit zu einem Idealbild gesellschaftlicher Verhältnisse werden, die für die Gegenwart die Bedeutung eines Musters der ständischen Zusammenwirkung und damit eines Beispiels der Erneuerung werden konnte.

[184] Fr. Schlegel: Vorlesungen über die neuere Geschichte 1810/11 (Werke Bd. VII, S. 125ff.), die nun den ganzen Gang der Geschichte umfassen und Machiavelli anerkennend erwähnen (19/21 Vorl., dort S. 387). J. von Görres Schrift „Über Grundlagen, Gliederung und Zeitenfolge der Weltgeschichte" (1829) ist freilich ein von theologischen Momenten durchzogenes Werk.

[185] Schellings Werke in drei Bänden, hrg. v. Otto Weis, Bd. 3 (philos. Bibliothek Bd. 135), Leipzig 1907, S. 262. Geschichte keine absolute Gesetzmäßigkeit, aber auch nicht absolute Freiheit. Allmähliche Realisierung eines Ideals. Das Progressive, das in die Geschichte gedacht wird, ist keine Vorbestimmung der freien Tätigkeit. Menschliches Handeln nicht zu berechnen, die Willkür ist insofern Göttin der Geschichte.

[186] Diese Abwendung von der rationalen Umgestaltung zeigt sich bei Fr. Schlegel besonders in der negativen Beurteilung Josefs II. und der Ablehnung des „Vernunftschwindels" in Frankreich, der als Zerstörungssucht getadelt wird. Hier seien die Staaten nicht als lebendige Körper, sondern als tote Maschinen behandelt. Vorlesungen über die neuere Geschichte 19/21 Vor., Werke Bd. VII, S. 397ff. In dieser Hinsicht mag bemerkt sein, daß neuere historische Auffasungen das Wirken Napoleons mit der Linie des aufgeklärtenabsoluten Regierungsstils in Bezug setzen. Vgl. die Rezension von Carl Georg Faber in HZ 230 (1980), S. 191f. und dort Notker Hammerstein, S. 184f.

[187] Der nicht der Romantik, sondern noch der Aufklärung zugehörende Christoph Martin Wieland hat in seinen Betrachtungen über J. J. Rousseaus ursprünglichen Zustand der Menschen (1770) bereits herbe Kritik an R.s Gedanken einer Rückkehr zu den Ursprüngen geäußert. Sollen wir, so sagt er, nackend wie die Hottentotten auf dem Kupfer meines Buches in die Wälder zurückkehren? Vgl. Wieland, Sämtl. Werke, hrg. v. I. G. Grube, Bd. 31, Leipzig 1825, S. 11.

Für die Romantik lag diese Rolle – abgesehen von den Bildern, die sie in ihrer Phantasie und in den Märchen öffnete – in der mittelalterlichen Epoche.[188] Sie wird durchaus im Sinne einer Verherrlichung der Treue, der edlen Gesinnung, der noch ursprünglichen und festen Haltung, des lebendigen religiösen Gefühls gesehen. Rittergeist und Ehre, die Treue des Landvolkes, der Kunstfleiß der Handwerker, das alles formt in den Romanen – im Ofterdingen Hardenbergs, in den Kronenwächtern Arnims – das Bild einer wohlgeordneten gegliederten Gesellschaft, das man dem egalitären Zug der revolutionären Gedanken entgegenstellen konnte. Zugleich eröffnete diese Anschauung, jenseits der alten verklungenen Anhänglichkeit an das Reich, den Zugang zu der eigenen deutschen Vergangenheit, die nun alsbald auf alle germanischen Stämme erstreckt wurde. In Schlegels Vorlesungen über die neuere Geschichte von 1810/11 wird ausgeführt, daß die Völkerwanderung der Kultur nicht nachteilig gewesen, die Germanen eine geistige und staatliche Erneuerung gebracht hätten.[189] Mit der Zuwendung zur Geschichte wandte sich die romantische Empfindung auch ihren Denkmalen zu. Die Marienburg lenkte die Aufmerksamkeit als Zeugnis des Rittertums auf sich. Ihr hat Eichendorff eine Schrift gewidmet[190], und Görres gehört zu jenen, die früh sich für den Weiterbau und die Vollendung des Kölner Domes als eine nationale Angelegenheit einsetzten.[191]

Dabei gilt es aber hervorzuheben, daß die Wendung zur eigenen Geschichte zwar den Blick für die Individualität der europäischen Völker schärft, aber nicht die weitere über den nationalen Rahmen hinausführende Bedeutung der europäischen Gemeinschaft verdunkelt. Schon die frühe Romantik zeigt einen

[188] Das gilt sowohl von den geschichtlichen Ausblicken, angefangen von Novalis „Christenheit oder Europa" (Werke Bd. II, S. 507ff.) bis zu den Vorlesungen Fr. Schlegels über die Geschichte und dem Alterswerk von Görres, wie insbesondere auch von der Dichtung, die immer wieder zu Themen aus der mittelalterlichen Vergangenheit greift.

[189] Fr. Schlegel, Vorlesungen über die neuere Geschichte, 4. u. 5. Vorlesung, Werke Bd. VII, S. 175f., 183. Ebenso in den Vorlesungen über Philosophie der Geschichte (1829), Werke Bd. IX, hrsg. v. Jens-Joergen Anstett, Stuttgart, München, Paderborn, Wien 1971, S. 256.

[190] J. v. Eichendorff, Die Wiederherstellung des Schlosses der deutschen Ordensritter zu Marienburg. Der Aufsatz, in den vierziger Jahren geschrieben, als das Schloß noch immer gefährdet war, gibt eine eingehende Schilderung des Ordenslebens (Werke Bd. 10 (1911), S. 1ff. Vorher gingen die Zeichnungen Gillys, im Kupferstich vervielfältigt, der Aufruf Max v. Schenkendorfs von 1803 und die 1815 einsetzende Bemühung des Oberpräsidenten Theodor von Schön. Vgl. hierzu eingehend Hartmut Boockmann, Das ehemalige Deutschordensschloß Marienburg 1772–1945, in: Geschichtswissenschaft und Vereinswesen im 19. Jahrhundert, hrg. v. Hartmut Boockmann, Arnold Esch, Hermann Heimpel, Thomas Nipperdey, Heinrich Schmidt, Göttingen 1972, S. 99ff. Diese Bestrebung hängt innerlich zusammen mit der Wandlung auch des Urteils über den Orden im Zuge der Zuwendung zu mittelalterlichem Leben.

[191] J. v. Görres im Rheinischen Merkur 1815 (Politische Schriften Bd. 2 (1854), S. 194). Auch Eichendorff erließ 1842 einen Aufruf, sich dem Berliner Verein für den Dombau anzu-

universalistischen Zug. Auch später bleibt diese Aufgeschlossenheit für die weitere Familie der europäischen Nationen erhalten, die schon die Befassung mit der Universalgeschichte, der Philosophie und der Sprachgeschichte nahelegte. Die Öffnung der Romantik gegenüber den großen Literaturwerken anderer Völker, der provenzalischen Ritterdichtung, Shakespeare und der spanischen Dichtung legt hierfür ebenso ein Zeugnis ab, wie die universalgeschichtlichen Darstellungen, die unter dem romantischen Einfluß Historiker wie Steffens und Heeren verfaßten.[192] Noch war vor der dann einsetzenden Aufspaltung in Nationalgeschichten, die das 19. Jahrhundert beherrschte und die erst die Gegenwart sich wieder zu überwinden anschickt, der Blick der historischen Arbeiten von Friedrich Schlegel oder Görres wahrhaft europäisch. Schon in Novalis Schrift über „Die Christenheit oder Europa" klingt dies an, durchdringt die Auffassungen Friedrich Schlegels über den Gang der europäischen Geschichte und klingt aus in den Vorträgen von Görres, die nun freilich eine Art theonomer Sicht auf die Weltgeschichte zu geben suchen.

Die Eröffnung der geschichtlichen Dimension hat die Staatslehre in besonderem Maße beeinflußt. Während die Theorie des 18. Jahrhunderts den Staat rational aus dem Vertrage und aus seinem Endzweck der Sicherung oder der Wohlfahrt entwickelt, wird nun, und das setzt sich trotz des langen Überlebens naturrechtlicher Vorstellungen durch, der Staat als eine Erscheinung des menschlichen Lebens gesehen, die von der Geschichte geprägt wird. Die Herkunft der Staaten, die Geschichte des Staates, rückt damit in das Blickfeld der politischen Theorie.[193] In ganz besonderem Maße aber hat die Wendung zur Geschichte auf die Rechtslehre eingewirkt, die ich hier nur in großen

schließen (Werke Bd. 10, S. 122ff.). Hierzu Thomas Nipperdey, Kirche und Nationaldenkmal. Der Kölner Dom in den vierziger Jahren, in: Staat und Gesellschaft im politischen Wandel. Festschrift für Walter Bussmann, Stuttgart 1979, S. 175ff.

192 In Novalis „Christenheit oder Europa" wird gerade die Einheit Europas betont. Fr. Schlegel hebt in dem von Erzherzog Carl am 8. 4. 1809 erlassenen Armeebefehl hervor, daß sich unter seine Fahnen die Freiheit Europas geflüchtet habe, und auch in den geschichtlichen Vorlesungen bleibt bei ihm immer der Blick auf die Gesamtheit Europas offen. Das gilt auch für die von romantischen Ideen berührten Historiker. Auch wenn ihnen Deutschland als Herz des Erdteils erscheint, so wird die Einheit des europäischen Staatensystems betont bei A. H. L. Heeren, Handbuch der Geschichte des europäischen Staatensystems (zuerst 1804), 5. Aufl. Göttingen 1830, Bd. 1, S. 9f. und Heinrich Steffens, Die gegenwärtige Zeit und wie sie geworden mit besonderer Rücksicht auf Deutschland, Berlin 1817, S. 7, 322. Zu diesem Zug der Romantik siehe J. Baxa, Einführung (Anm. 3), S. 62ff.

193 So gibt Schmitthenner, Grundlinien des allgemeinen oder idealen Staatsrechts, Gießen 1843, S. 26ff. eine große Übersicht über die Entwicklung des Staates seit dem Altertum. Zur Ausbildung der Verfassungsgeschichte siehe Ernst-Wolfgang Böckenförde, Die deutsche verfassungsgeschichtliche Forschung im 19. Jahrhundert, Berlin 1961, S. 48ff. Hier wird dargelegt, wie stark die Konzeption der Verfassungsgeschichte jeweils von den zeitgenössischen Gedanken verfassungspolitischer Art bedingt war.

Zügen behandeln kann. Auch die Rechtslehre des Naturrechts war rational aufgebaut. Sie handelte namentlich von der Gesetzgebung und ihrer Aufgabe für die Wahrung der Ordnung im Staate, die sie durch Strafen wie durch eine gute Regelung der bürgerlichen Verhältnisse zu bewirken trachtete. Während die Romantik sich der Theorie des Rechts wenig zugewandt hat[194], entspringt an ihrem Rande, aber in naher geistiger Verbindung mit ihr, die neue Lehre, die das Recht nicht als eine Zweckschöpfung des staatlichen Gesetzgebers, sondern als eine der stärksten Ausdrucksformen der Individualität eines Volkes betrachtet. Die Lehre vom Volksgeist, der sich, wie in anderen Zweigen des geistigen Lebens, gerade auch in den Formen und Gehalten des Rechtslebens ausprägt, hat Savigny, freilich auf Grundlagen schon der geschichtlichen Auffassung des 18. Jahrhunderts fußend[195], in der Rechtslehre zur Geltung gebracht. Ihn selbst kann man auf Grund seiner methodischen Einstellung und seiner Ausrichtung auf die Systembildung kaum zur Romantik rechnen, mit der er persönlich durch nahe Beziehungen vielfach verbunden war.[196] Die heutige Anschauung zählt ihn eher einer klassischen Richtung zu, oder man wird besser davon ausgehen, daß es bei ihm in der Ablehnung des Naturrechts, der Aufnahme geschichtlicher Einsicht der Entwicklung des Rechts und in der Vorstellung der nationalen Prägung des Rechts durch den Volksgeist Berührungen mit der romantischen Einstellung gibt, daß aber seine Systembildung im Recht auch noch starke Elemente einer abstrakten, in gewissem Sinne naturrechtlichen Begriffsbildung zeigt.[197] Die Hinwendung zu einer geschichtlichen Auffassung des Rechts zeigen auch andere Autoren in der schon seit dem späteren 18. Jahrhundert geführten Diskussion um die Erneuerung der rechtlichen Methode.[198]

In seiner Auswirkung hat Savigny jedenfalls dazu beigetragen, das Bewußtsein für die geschichtliche Entstehung des Rechts zu stärken. Er legt Gewicht auf die geschichtliche Bildung des Rechts, dessen Entwicklung er freilich in die Hand des Juristenstandes legt, und dessen hohe Entfaltung er in der römischen Rechtswissenschaft sah.[199] Für seine Zeit wollte Savigny

[194] Novalis bekennt in den von Samuel so genannten Logologischen Fragmenten Nr. 282: „Ich bin ein ganz unjuristischer Mensch – ohne Sinn und Bedürfnis für Recht" (Werke Bd. II, S. 591).

[195] Die Vorstellung der Individualität eines Volkes in seiner Kultur geht schon auf Herder zurück. Der Ausdruck „Volksgeist" erscheint wohl zuerst bei Hegel „Volksreligion und Christentum" (1793). Vgl. Fr. Wieacker, Privatrechtsgeschichte der Neuzeit, 2. Aufl. Göttingen 1967, S. 358, Anm. 38. Siehe auch Kluckhohn, Ideengut (Anm. 27), S. 112.

[196] Hierzu jetzt die eingehende Auseinandersetzung bei Wieacker (Anm. 195), S. 360ff., 364ff. In der Diskussion hoben Prof. Flume und Prof. Kegel hervor, daß die Lehre vom Volksgeist in der Tat im Werke Savignys eher eine marginale Rolle spielt, daß sein Interesse der erneuerten Systembildung zugewandt war und er die Bildung und Fortbildung des Rechts den Juristen zuwies (was dann später von dem Germanisten Beseler

es bei dem bestehenden Rechtszustand bewenden lassen, in dem die akademische Lehre dem römischen Rechte galt und die Territorialrechte, die das positive Recht enthielten, gewissermaßen die an ihm geschulte Praxis darstellten. In dieser Anschauung liegt, wenn man die Rückführung des Rechts auf die nationale Kultur eines Volkes ins Auge faßt, eine gewisse Paradoxie. Ein Ausgehen vom Volksgeist hätte eher auf die stärkere Heraushebung der deutschen Überlieferung in der Rechtsbildung der deutschen Staaten hinweisen können. Das lag Savigny fern, der vielmehr im klassischen römischen Recht die Grundlage eines zu entwerfenden Rechtssystems erblickte und damit eher in die Richtung der später sich ausbildenden Pandektenwissenschaft wies. Die Ablehnung einer Kodifikation des bürgerlichen Rechts durch Savigny in seiner bekannten Kontroverse mit Thibaut, der eine solche empfahl, entsprang in erster Linie seiner Abneigung gegen das rationale Naturrecht, dem er eine ungeschichtliche deduzierende Rechtsbildung vorwarf. Zugleich aber übersah Savigny keineswegs die politischen Elemente jeder Gesetzgebung. Dem Code Civil, dem großen Vorbild solcher Kodifikationen, hielt er in seiner Schrift über die Gesetzgebung in eingehender Darlegung der Entstehung die weitgehende Berücksichtigung politischer Einflüsse vor.[200] Es bleibt nicht zu übersehen, daß die Grundeinstellung Savignys tief konservative Züge aufwies. Er stellte sich gegen die Revolution, er lehnte auch die neueren liberalen Ideen einer repräsentativen Volksvertretung wie die Vorstellung eines Staatsvertrages ab. In diesem Punkte gehört er, ungeachtet mancher entgegenkommender Züge, der bewahrenden Strömung der Zeit an.[201]

Durch sein Eintreten für eine Erfassung der geschichtlichen Zusammenhänge des Rechts, die in der Befassung mit dem römischen Recht im Mittelalter wie in der mit dem Germanisten Eichhorn im Jahre 1814 erfolgten Gründung der „Zeitschrift für geschichtliche Rechtswissenschaft“ zum Ausdruck kam, hat Savigny jedenfalls der Rechtsgeschichte und damit der Historischen Schule, wie man die sich nun entfaltende Richtung nannte, wesentliche Antriebe gegeben. Auf die Dauer ist die Auswirkung seiner Sicht von der

zum Gegensatz von Volks- und Juristenrecht entwickelt wurde). Siehe auch Erik Wolf, Große Rechtsdenker der deutschen Rechtsgeschichte, 4. Aufl. Tübingen 1963, S. 474f.

197 Diese Einordnung Savignys jetzt bei Hans-Ulrich Stühler, Die Diskussion um die Erneuerung der Rechtswissenschaft von 1780–1815, Berlin 1978, S. 38ff.

198 Hierzu nunmehr Stühler (Anm. 197), S. 151ff., der darlegt, daß die Bestrebungen zur Reform der Rechtswissenschaft im Gegensatz zum späten Naturrecht bereits seit 1780 einsetzen.

199 Wieacker (Anm. 195), S. 372f.

200 Friedrich Carl von Savigny, Vom Beruf unserer Zeit für Gesetzgebung und Rechtswissenschaft (1814), 3. Aufl. 1840, Neudruck Tübingen 1892, S. 32ff.

201 Diese Seite ist hervorgehoben bei Stühler (Anm. 197), S. 56ff.

Verbindung des Rechts mit den wirkenden Kräften der Volksindividualität freilich eher von den Germanisten aufgegriffen worden. Savigny selbst hat den Gegensatz von Romanisten und Germanisten nicht gefördert, der sich indes bald ausbildete und bis in unsere Gegenwart hinein in der deutschen Rechtslehre prägende Bedeutung behalten hat. Für die Belebung des historischen Verständnisses in der Rechtslehre wie für die entgegen den universalen Tendenzen des Naturrechts nun stärker national ausgerichtete Doktrin des 19. Jahrhunderts hat der Gedanke vom Volksgeist, der das Recht aus der Eigenheit jeden Volkes entspringen läßt, eine der starken Kräfte der deutschen wie der ausländischen Rechtswissenschaft für das folgende Jahrhundert gebildet. In Deutschland entwickelte sich hieraus sehr bald bei den Germanisten die Neigung, das römische Recht als eine fremde Überformung der heimischen Rechtstradition anzusehen und zu bekämpfen und für die Wiedereinsetzung der deutschen Überlieferung einzutreten. Die beiden großen Tage der Germanisten in Frankfurt 1846 und Lübeck 1847 hallen von diesen Auseinandersetzungen wieder[202], aber sie zeigen auch eine eigenartige Verschlingung der Standpunkte. In Frankfurt erheben die Germanisten die Forderung nach einem einheitlichen Gesetzbuch für Deutschland, aber die später einsetzende Arbeit an einer Kodifikation ist in der zweiten Hälfte des Jahrhunderts bis zum Bürgerlichen Gesetzbuch überwiegend von dem System der Pandektenwissenschaft geprägt worden. Es sind jedenfalls die Germanisten gewesen, die im 19. Jahrhundert in wesentlichen Stücken Gedanken der romantischen Bewegung fortgetragen haben, die Lehre von der im Recht sich ausprägenden Eigenart jedes Volkes, die Zuwendung zu einem freilich oft von der Gegenwart her ausgedeuteten Mittelalter[203], die Vorstellung des organischen Wachstums der Institutionen in Abneigung gegen rationale Satzungen. Dabei zeigten die Germanisten im allgemeinen keine Bereitschaft, die restaurativen Bestrebungen der späten Wiener Romantik aufzunehmen. Unter ihnen überwogen, wie einer ihrer großen späteren Vertreter, Otto von Gierke, mit Recht betont hat[204], die für eine liberale Entwicklung aufge-

[202] Siehe die scharfe Polemik gegen die romanistische Rechtswissenschaft auf dem ersten Germanistentage in Frankfurt 1846 bei Mittermaier (Verhandlungen der Germanisten zu Frankfurt am Main, Frankfurt 1847, S. 62ff.), der die Volksfremdheit des in lateinischer Sprache gehaltenen Rechts betont, sowie bei Ministerialrat Christ aus Karlsruhe, der ein deutsches Gesetzbuch fordert (S. 72ff.). Der Germanistentag zu Lübeck 1847 brachte dann eine gewisse Verständigung der beiden juristischen Richtungen. Vgl. hierzu Otto v. Gierke, Die historische Rechtsschule und die Germanisten, Berlin 1903, S. 51ff.

[203] E.-W. Böckenförde hat zu Recht für die verfassungsgeschichtliche Forschung des 19. Jahrhunderts (Anm. 193) auf diese Rückprojizierung zeitgenössischer Tendenzen in die germanische Rechtsgeschichte (Ständetum oder Gleichheit, monarchische Position und Volksfreiheit) hingewiesen.

[204] Gierke (Anm. 202), S. 26ff.

schlossenen Persönlichkeiten. Von ihren führenden Vertretern auf den Germanistentagen begegnet man einer Reihe, Dahlmann, Beseler, Mittermaier und Welcker in den Reihen der Paulskirche wieder. In der aus ihrem Gedankengut hervorgehenden Lehre von der Genossenschaft, die Gierke später vertreten hat, fanden Gedanken des korporativen Zusammenschlusses auch im sozialen Sinne einen Ausdruck und wurde die auf freier Einigung beruhende Verbandsbildung gefördert[205], die in der zweiten Hälfte des 19. Jahrhunderts so große Bedeutung erlangte.

Wenn wir auf die Bedeutung der Wendung zur Geschichte in der romantischen Gedankenwelt blicken, die ein so wichtiges Moment in der historisierenden Strömung des 19. Jahrhunderts und dem dies Zeitalter prägenden Verständnis für andere Zeiten und andere Völker bildete, so wird das Urteil in der Gegenwart gehaltener sein als früher. Nach 1945 sind in der Bundesrepublik manche Überlegungen aufgetreten, die Abwendung von den in den westlichen Ländern fortwirkenden Ideen der Aufklärung und der naturrechtlichen Allgemeinheit als eine für das deutsche Geistesleben isolierende und bedenkliche Entwicklung ansehen. Der Historiker Rudolf Stadelmann hat hierin eine Fehlentwicklung der idealistischen Philosophie und der romantischen Richtung gesehen, die Deutschland daran gehindert habe, den Anschluß an die Fortentwicklung im Westen zu finden.[206] Hat nicht, diese Frage wird in diesem Zusammenhang noch nachdrücklicher für den eigenen Weg des deutschen Staatswesens zum konstitutionellen System erhoben, diese Entfremdung von der Nachwirkung der rationalistischen Anschauung der Aufklärung, des letzten gesamteuropäischen Denksystems, sich für die politische Gestaltung unheilvoll ausgewirkt, bedeutete sie nicht ein Zurückbleiben hinter der liberalen Entfaltung des Westens?[207] Es ist nicht zu verkennen, daß gerade die von der Romantik gepflegten Züge des Staatsdenkens, die den Staat herauslösten aus der Frage nach seiner Konstituierung in der Einigung und im Willen der Bürger und ihn zu einer vorgegebenen höheren Form des Daseins erhöhten – ganz besonders ist dieser Zug bei der Staatskonzeption

[205] In Gierkes Lehre der realen Verbandspersönlichkeit (Das Wesen der menschlichen Verbände, Berlin 1902, S. 15, 22) klingt die von der Romantik aufgenommene Vorstellung organischer Bildung menschlicher Gemeinschaft nach, indem der Verband nicht als Vereinigung von Individuen sondern als ein organischer Körper, als eine soziale Lebenseinheit angesehen wird.

[206] Rudolf Stadelmann, Deutschland und Westeuropa, Schloß Laupheim 1948, S. 29ff.

[207] Von dieser Grundlage aus hat man dem Typ der deutschen konstitutionellen Monarchie, der die Forderungen der liberalen Verfassungsvorstellung nicht erfüllte, nur die Bedeutung eines Überganges zu einem parlamentarischen Regime zusprechen wollen. Vgl. E.-W. Böckenförde, Der Verfassungstyp der deutschen konstitutionellen Monarchie im 19. Jahrhundert, in: E.-W. Böckenförde (Hrg.), Moderne deutsche Verfassungsgeschichte (1895–1918), Köln 1972, S. 146ff., 159ff.

Hegels ausgeprägt – sicherlich in der deutschen politischen Theorie ihr Gewicht dahin geltend gemacht haben, daß sich der Staat zu einem eigenen in sich ruhenden Wesen erhob und mit der monarchischen Einheit gleichgesetzt werden konnte, statt als eine Gemeinschaft von selbstbestimmten Bürgern zu erscheinen. Die auch im romantischen Denken angelegte Einordnung des individuellen Daseins in den staatlichen Verband drängte die Ableitung der politischen Gewalt aus dem Willen der Bürger wie auch die Forderung nach einer Volksvertretung zurück, die als eine rationale Form der politischen Freiheit angesehen wurde, der gegenüber die ständische Gliederung eine organische und lebendige Form verkörperte. Die von hier aus sich in der späten Romantik herstellende Verbindung mit konservativen politischen Gedanken darf freilich nicht allen Vertretern der Romantik zugeschrieben werden, unter denen sich, wie bereits öfters hervorgehoben, auch Anhänger der Verfassungsbewegung befanden. Auch dürfte in diesen kritischen Erwägungen der unmittelbare Einfluß der Romantik auf die Entwicklung überschätzt sein. In der Lage Deutschlands nach 1815 sprachen starke Momente für eine Erhaltung der fürstlichen Macht und gegen die Übernahme der durch die französische Revolution geprägten Begriffe der Volkssouveränität und der Herrschaft einer parlamentarischen Versammlung. Die Sieger in dem ein Menschenalter währenden Kampf mit Frankreich hatten keine Veranlassung, die politischen Ideen der Revolution zu übernehmen, gegen die sie so lange gefochten hatten, und die in Frankreich selbst längst dem autoritären Regime des Empire gewichen waren. Die Ordnung der deutschen Staaten hatte durch den späten Absolutismus eine Fortbildung erfahren, die den Erschütterungen der Kriege und Niederlagen standgehalten hatte. Das monarchische Prinzip war insoweit der Ausdruck einer realen innerpolitischen Situation – waren doch die Reformen nach 1806 von oben ausgegangen – ebenso wie einer starken theoretischen Strömung, die an der geschichtlichen Form der Monarchie

[208] Ich verweise hier auf meine Darlegung in dem Sammelwerk „Der moderne Parlamentarismus" (Anm. 162), S. 322ff.

[209] Das Wort Rechtsstaat ist zuerst von Adam Müller, Elemente der Staatskunst, 8. u. 10. Vorlesung, Bd. 1, S. 165, 200, allerdings in einem ganz unbestimmten Sinne gebraucht worden, der nur auf eine rechtliche Ordnung hinweist. Er erhielt auch weiterhin wenig geschlossene Konturen bis in die Mitte des Jahrhunderts. Doch verhielten sich die romantischen Autoren auch zurückhaltend gegenüber der kantischen Vorstellung der Herrschaft des Rechts, die der späteren Ausformung des Rechtsstaats (Stahl, Gneist) zugrundelag.

[210] Die Ausarbeitung eines Unterschiedes von Staat und Gesellschaft, die sich von Schlözer herleitet und bei Hegel eine wichtige Formung erhält, gehört der liberalen Theorie des frühen 19. Jahrhunderts an. Sie bleibt auch, wie E.-W. Böckenförde zu Recht bemerkt (Verfassungsgeschichtliche Forschung, Anm. 193, S. 97) der germanistischen Richtung fremd. Bei A. W. Rehberg wird in einer Rezension zu Adam Müller (Sämtl. Schriften Bd. 4, Hannover 1829, S. 250) von „Staat oder Gesellschaft" gesprochen, beides also

festzuhalten wünschte.[208] Das Festhalten am monarchischen System war also vorgeprägt und ist durch die Romantik der Wiener Zeit mehr begleitend begründet worden. Daß sich ein Teil der Romantiker freilich mit dieser politischen Richtung verbündete, die andersgerichtete Erwartungen und Ansichten enttäuschte, hat die Kritik an der Romantik sehr gefördert. Man sollte aber den Beitrag der romantischen Autoren an dieser politischen Ausrichtung in seiner Begrenzung sehen. Es ist allerdings richtig, daß sich die Vertreter der konservativen Richtung innerhalb der Romantik – und das gilt insbesondere für Adam Müller auch schon für das Jahrzehnt vor den Freiheitskriegen – gegen viele der liberalen Ideen stellten, die im Vormärz aus dem Westen her in das deutsche Denken einströmten. An vielen dieser Gedanken, die die nach Freiheit und Reform drängende politische Richtung vertrat, hatte jene romantische Richtung keinen Anteil. Das gilt für den Rechtsstaatsgedanken – der freilich in der Zeit vor 1840 noch wesentlich vage auch für den Verfassungsstaat steht[209] – wie für die Grundrechte, die Forderung nach einer machtbegrenzenden Verfassung wie für die Gegenüberstellung von Staat und Gesellschaft[210], die einen Bereich der freien vom Staate geschiedenen wirtschaftlichen Entfaltung der bürgerlichen Welt auszugrenzen suchte. Doch ist hier daran zu erinnern, daß die deutsche liberale Strömung, so sehr sie den Blick nach Paris gerichtet hielt, ein Element der älteren Lehre der Aufklärung des deutschen Typs festhielt. Sie vermochte die Position des Bürgers eher in der Aussparung eines Raumes unpolitischer individueller Freiheit zu erblicken als in der tätigen verantwortlichen Mitwirkung. Auch die liberale Gedankenwelt in Deutschland unterschied sich vom Westen durch das geringere Maß eines Verständnisses für die dem Bürger im Staate erwachsenden Pflichten und Aufgaben und die stärkere Betonung einer eher negativ gesehenen Freiheit. Das ist ein Zug, der dem deutschen politischen Denken bis in die Gegenwart hinein erhalten geblieben ist.[211] Das Problem der besonderen Entwicklung der

gleichgesetzt wie im Naturrecht res publica und civitas. Die Bedeutung dieses Gegensatzes, zu dessen Entwicklung ich auf meine Darlegung in R. Schnur, Staat und Gesellschaft (Anm. 137), S. 285ff., verweise, hat mit dem Schwinden der sozialen Bedingungen des frühen Liberalismus ihre Bedeutung als politischer Gegensatz verloren. Siehe auch Konrad Hesse, Bemerkungen zur heutigen Problematik der Unterscheidung von Staat und Gesellschaft, in: E.-W. Böckenförde (Hrg.), Staat und Gesellschaft, Darmstadt 1976, S. 484ff. Anders hingegen Böckenförde dort S. 395ff. und: Die verfassungsrechtliche Unterscheidung von Staat und Gesellschaft als Bedingung der individuellen Freiheit, RWAkW G 183, Opladen 1973.

211 Zu dieser negativen Richtung des deutschen Freiheitsverständnisses siehe Rudolf Smend, Bürger und Bourgeois (1933), in: Staatsrechtliche Abhandlungen, 2. Aufl. Berlin 1963, S. 312ff.; Wilhelm Hennis, Zum Problem der deutschen Staatsanschauung, in: Hennis, Politik als praktische Wissenschaft, München 1968, S. 27ff.; Hans Maier, Ältere deutsche Staatslehre und westliche politische Tradition, Tübingen 1966, S. 21ff. (Passivität und Innerlichkeit des bürgerlichen Freiheitsbegriffes in Deutschland).

deutschen Verfassungsform im 19. Jahrhundert, die im konstitutionellen System für lange Zeit einen dualistisch geformten Ausgleich suchte und fand, ist ein sehr komplexes und ruht auf sehr weitreichenden politischen und sozialen Grundlagen. Der Anteil jener romantischen Richtung an einer Seite dieser Auseinandersetzung ist deutlich, aber er besaß keinen entscheidenden Einfluß. Autoren wie Friedrich von Gentz, der eher in der Spätaufklärung wurzelt, und Friedrich Julius Stahl, der eine andere theologisch fundierte Sicht des Staates vertrat, haben an der Entwicklung einen größeren Anteil. Soweit gerade die geschichtliche Komponente der Romantik infrage steht, so hat sie einerseits durch die Neubelebung ständischer Vorstellungen Älteres gefestigt, hat aber andererseits in ihrer Zuwendung zu einer im genossenschaftlich-freiheitlich Licht gesehenen deutschen Vergangenheit auch dem liberalen Denken wichtige Elemente vermittelt. Die Auswirkung der geschichtlichen Neigung der Romantik bedarf daher einer differenzierten und abgewogenen Würdigung.

V. Volk und Nation

Nur kurz brauchen wir uns einem letzten Zusammenhang, dem Einfluß romantischer Ideen auf die Ausbildung der Ideen von der Individualität der Völker und Nationen zuzuwenden. Wir vermögen heute nicht mehr ohne weiteres die Linie des bekannten Buches von Friedrich Meinecke über Weltbürgertum und Nationalstaat nachzuvollziehen, der diese Entwicklung unter den Gesichtspunkt der Hinwendung vom universellen Denken zur nationalen Idee gestellt hat.[212] So richtig seine Beobachtungen in der Sache bleiben, so haben sich die Voraussetzungen für ein Urteil geändert. Es bleibt zunächst richtig, daß eine Reihe der romantischen Autoren, vor allem Friedrich Schlegel, aber auch Görres, anfänglich auch in der Beurteilung der französischen Revolution den Blick auf allgemeine, die nationale Sicht übersteigende Zusammenhänge richteten und sich von diesem universellen Konzept erst unter dem Eindruck persönlichen Erlebens der französischen Herrschaft und der großen Zeitereignisse abwandten, um dann freilich um so entschiedener einem deutschen patriotischen Standpunkt beizutreten. In dieser Auseinandersetzung wird der Begriff des Volkes geformt. Anfänglich noch unbestimmt

[212] Fr. Meinecke (Anm. 181), S. 58ff., 84ff.

[213] Während Adam Müller (Elemente Bd. 1, S. 145f.) nur die generationübergreifende Verbundenheit hervorhebt, finden wir bei Görres schon (Rheinischer Merkur vom 19. 5. 1814) den Gedanken, daß Deutschlands Grenzen die der deutschen Sprache seien (Werke Bd. 1, S. 436). Ebenso hebt die Bedeutung der Sprache hervor Steffens (Anm. 192), Bd. 1, S. 777.

verwendet, auch der Bezeichnung der Bevölkerung eines Territorialstaats dienend, wird nun der Begriff des Volkes auf die größere Einheit der in der europäischen Geschichte lebenden Völker bezogen. Dabei wird, wie sich das bereits in Fichtes Reden an die deutsche Nation andeutet und später bei Görres und anderen aufgenommen wird, die Sprache als das wesentliche Merkmal einer einheitlichen Volksbildung angesehen. Den französischen Gedanken, daß die politische Einheit des Staates das Volk forme, konnte man in Deutschland schon im Hinblick auf die territoriale Zergliederung des deutschen Raumes nicht übernehmen. So band man den Begriff der Deutschen an die gemeinsame Sprache.[213] Ich zögere, hier den von Meinecke entwickelten Ausdruck „Kulturnation" zu übernehmen, der als solcher erst viel später geprägt wurde und den wir besser beiseitelassen. Unzweifelhaft lagen in der Abstellung auf das Merkmal der Sprache Gefahren der expansiven Anwendung, die sehr bald in Erscheinung traten. Ich erinnere an die 1814/15 mit der Begründung der Sprache erhobene Forderung von Görres nach Rückgewinnung des Elsaß. Die Orientierung an der deutschen Sprache legte es nahe, den Umkreis der deutschen Nation weit zu ziehen. Noch gab es auch im Sprachgebrauch keine klare Unterscheidung von Volk und Nation, wie sie das französische Denken ausgebildet hatte, das nur die frei sich selbst bestimmende politische Gemeinschaft im Umkreis ihrer staatlichen Formung als Nation bezeichnete.[214] Die Folgen eines so weiten und nicht auf subjektive Zusammengehörigkeit oder politische Einheit, sondern auf ein objektives Merkmal abgestellten Begriffes wurden in der Folge sichtbar. Der Germanistentag, auf dem Jakob Grimm das Sprachkennzeichen hervorhob[215], führte die hier vereinigten Rechtslehrer, Historiker und Sprachforscher den ganzen ersten Tag ihrer Beratung zur Erörterung der ganz auf die Sprachverbundenheit gegründeten schleswig-holsteinischen Frage.[216] Hier an dieser Stelle ging die sich formende Lehre vom Volk mit ihren romantischen Ansätzen, unter denen auch wiederum Elemente der organischen Theorie ihre Rolle spielten, ein stilles Bündnis mit den Kräften einer neuen liberalen Epoche ein, in der der Gedanke der nationalen Einigung der Völker in der Mitte Europas eine entscheidende Bedeutung gewinnen sollte. Der Absolutismus hatte gegenüber nationalen und sprachlichen Unterschieden eine sehr große Duldsamkeit bewiesen, schon deshalb, weil er es gewohnt war, beim Erwerb von Gebieten die

[214] Zum Nationsbegriff der französischen Revolution siehe meine Darlegung Nationalstaatsprinzip und Staatenordnung seit dem Beginn des 19. Jahrhunderts, in: Theodor Schieder (Hrg.), Staatsgründungen und Nationalstaatsprinzip, München, Wien 1974, S. 19f.

[215] Jakob Grimm, Germanistentag 1846 (Anm. 202), S. 11. Dort setzte sich Pertz (S. 106f.) für die Erhaltung der deutschen Sprache bei den Auswanderern in die Vereinigten Staaten wie in anderen Volksgruppen von Deutschen ein.

[216] Germanistentag 1846 (Anm. 202), S. 18–57.

lokalen Rechte und Gewohnheiten zu bestätigen und die gewonnenen Territorien nur durch einen administrativen Überbau mit dem Ganzen des Staates zu verflechten.[217] Wenn England nach 1745 im schottischen Schulwesen das Englische durchsetzte[218] und Josef II. die deutsche Sprache in der habsburgischen Monarchie als Amtssprache einführen wollte, so entsprang das eher Gedanken der Nützlichkeit und Rationalität als nationalen Expansionsbestrebungen. Erst die französische Revolution, so sehr ihr Nationsbegriff ein voluntativ-politischer war, zeigte im Elsaß die ersten Zeichen einer Assimilationsbestrebung, der dem politischen Nationsbegriff hier eine kulturelle Note beilegte. Als im Laufe des 19. Jahrhunderts sich ein auf die Sprachgemeinschaft oder die kulturelle Verbundenheit (slawische Völker) gegründete Auffassung des Nationalgedankens weiter verbreitete und die Einigungs- und Freiheitsbestrebungen zahlreicher Völker von Italien bis zu den erwachenden Nationen des Balkans trug, zeigte sich die Sprengkraft des Nationsgedankens, die von der Mitte des Jahrhunderts an die übernationale Staatenverbindung des Habsburgerreiches bedrohte, aber auch an vielen Stellen Europas territoriale und politische Spannungen anhäufte.

In der modernen angelsächsischen Literatur ist unter dem Eindruck dieser Entwicklung und namentlich des zweiten Weltkrieges der Romantik der Vorwurf des Nationalismus oder der Deutschtümelei gemacht worden, der sich mit dem der Förderung der irrationalen Elemente in der deutschen Geistesentwicklung verbindet.[219] Soweit dies kritische Urteil die Entfernung vom westlichen, immer stärker rational und klassisch bestimmten Denken im Auge hat, berührt sie eine Frage, auf die schon hingewiesen wurde, und die in der Tat der Vertiefung und Prüfung bedarf, bei der aber auch die besondere Richtung der deutschen Entwicklung nicht überbetont werden sollte. Der Vorwurf, daß die Romantik dem Nationalismus den Weg bereitet habe, ist kaum berechtigt. Wir haben gesehen, daß die Romantiker den Volksbegriff noch wesentlich in einem geschichtlichen Sinne, zur Bezeichnung der gewordenen Individualität der einzelnen europäischen Nationen, und stets innerhalb eines europäischen Rahmens verwenden. Erst die weitere Anwendung des Gedan-

[217] Vgl. meine Ausführung zur Nation (Anm. 214), S. 14ff.

[218] Vgl. Basil Williams, The Whig Supremacy 1714–1760 (Oxford History of England) 2. Aufl. Oxford 1962, S. 284f.

[219] Ein Überblick über diese Kritik bei Klaus Doderer, Das englische und französische Bild von der deutschen Romantik, in: Prang, Romantik (Anm. 9), S. 400ff.

[220] In der Diskussion hat Prof. Ohly auf die zunehmende organologische Metaphorik in der Literatur des 18. Jahrhunderts hingewiesen, die zur Beschreibung geschichtlicher Vorgänge dient und zyklische Ganzheiten von der Naturwissenschaft her beschreibt. Er wies auf den amerikanischen Puritaner Jonathan Woodwards im 18. Jahrhundert hin, der die

kens der nationalen Gemeinschaft mit einem politischen Akzent des Einigungsbestrebens gab der sprachlich-kulturellen Definition der Nation die erweiternde politische Sinngebung. Das ergab sich aber erst aus ihrer Verbindung mit dem Einheitsstreben der liberalen Bewegung und gehört jedenfalls einer späteren Zeitperiode an. In der deutschen Einigungsbewegung wurde diese expansive Note zuerst in der Revolution von 1848 sichtbar, als die Nationalversammlung sich der schleswig-holsteinischen Frage annahm und ein militärisches Eingreifen beauftragter Truppen herbeiführte. Die gleiche Verbindung mit der liberalen Strömung ergab sich in Italien im Risorgimento wie in Rußland in der Ausbildung der Idee der panslawischen Verbundenheit. Diese Entwicklungen gehören aber geschichtlich bereits in eine andere Zone des 19. Jahrhunderts, in der sich die Aufgliederung Europas in Nationalstaaten vollzieht und europäische Gemeinsamkeiten eine Abschwächung erfahren.

Mit der Konzeption von Staat und Volk als ursprünglichen Gegebenheiten des menschlichen Daseins, geformt durch Geschichte und geistige Gemeinsamkeit, wie sie die romantischen Autoren in scharfer Entgegensetzung zu der Staatsvertragslehre des späten Naturrechts und der Auffassung des Staatel als kunstvoller Maschine (Mechanismus) herausgearbeitet haben, steht in engem Zusammenhang die Verwendung des Begriffs des Organismus. Er stellt keine Erfindung der romantischen Richtung dar, seine Wurzeln reichen vielmehr in das 18. Jahrhundert hinab[220] und werden durch die Zuwendung zur Naturphilosophie genährt. Bei Kant erscheint der Gedanke des aus der wechselseitigen Verbindung der Teile sich ergebenden Organismus in der Kritik der Urteilskraft[221] wie vorher schon in der Vorstellung der organischen Schöpfung, die in jedes lebendige Geschöpf gelegt ist, in einer Rezension über Herder.[222] In der Phase der Frühromantik verbindet sich die Vorstellung des Organischen mit dem eintretenden tiefen Wandel der Staatsanschauung. Indem diese nun nicht mehr auf den individuellen Willen zur Einigung, sondern auf das eigene Leben der Gesamtheit und das Erleben der Einheit in der Staatsgesinnung der Bürger abstellt, erhält der Staat ein auf diesen Erlebnis-

Kirchengeschichte von solchen organologischen Metaphern wie Baum oder Stromsystem aus betrachtet.

[221] Kritik der Urteilkraft, Werke (Ak. Ausg.) Bd. 3, S. 22, 428. Siehe hierzu Erich Kaufmann, Über den Begriff des Organismus in der Staatslehre des 19. Jahrhunderts, Heidelberg 1908, S. 5ff.; Gisela von Busse, Die Lehre vom Staat als Organismus, Berlin 1928, S. 17ff.

[222] Rezension über Herders Ideen zu einer Philosophie der Geschichte der Menschheit (1785), in: I. Kant, Kleinere Schriften zur Geschichtsphilosophie, Ethik und Politik, hrg. v. K. Vorländer (Philos. Bibl. Bd. 47 I), Hamburg 1959, S. 26 (organisches Leben der Pflanze).

charakter gestelltes Dasein, das ihn über den einzelnen heraushebt.[223] Das Moment des Organismus wird damit von der Romantik im Sinne des Ausdrucks für das Belebende, geschichtlich Erwachsene der sozialen Gebilde aufgenommen. Der Gedanke reicht über die romantische Richtung weit hinaus und wird zu einer allgemeinen Metapher der Zeit; auch bei Hegel erscheint – wenn dies auch keine zentrale Bezeichnung für ihn ist – der Staat als Organismus gerade in Verbindung mit der Staatsgesinnung.[224] Die Romantik hat jedenfalls durch ihre Abwendung von dem Gedanken der Gründung des Staates auf Willenseinigung und Konsens ihren wesentlichen Anteil an der allgemeinen Aufnahme des Organismusgedankens in der deutschen Entwicklung des 19. Jahrhunderts. Seine Ansicht von der eigenen Lebendigkeit sozialer Gebilde lebt im Volksgeist und wird von der Staatslehre, soweit sie sich nun vom Vertragsdenken abwendet, als Verständnisform für die staatliche Einheit aufgenommen.[225] Das wirkt bis heute nach, wofür auf den allenthalben verwendeten Begriff des Staatsorgans verwiesen werden kann, wie auch auf den lockeren Ausdruck der Organisation.

Mit der Aufnahme des Organismusbegriffs nicht nur als kürzende Metapher, sondern als Beschreibung und Begründung der Einheit sozialer Gemeinschaften vollzog die deutsche Staats- und Soziallehre eine Abwendung von der westlichen analytischen Konstruktion des Staates aus der Vereinigung der Individuen und ihrer Willensäußerungen, die zu den folgenreichsten der früher erwähnten Entfernungen vom westlichen politischen Denken gehört. Diese Linie wurde noch verstärkt durch den Einfluß der hegelschen Konzeption, die dem Staat als Verwirklichung der sittlichen Idee eine eigene ethische wie substantielle Existenz verlieh und ihn damit von den individuellen Personen unabhängig als eine höhere Macht ausgestaltete. Die englische wie die französische politische Theorie mit ihrer voluntativen Begründung der staatlichen Einheit behielt stets beim Staate den Prozeß der Willensbildung und Einigung vor Augen und konstitutierte damit in ihm den Gegensatz von

[223] Bei Novalis, Glauben und Liebe, erscheint der König als „Lebensprinzip des Staates wie die Sonne im Planetensystem" (Fragment Nr. 17, Werke Bd. II, S. 488); die staatliche Gesinnung ist die einzige Basis der echten Staatsreform (Fragment Nr. 28, S. 492); Gerichtshöfe, Theater, Hof, Kirche, Regierung, öffentliche Zusammenkünfte, Akademien, Kollegien u. a. sind gleichsam die speziellen inneren Organe des mystischen Staatsindividuums (Blütenstaub-Fragmente Nr. 65, dort S. 437). Zur Bedeutung des Gefühls und Erlebens für das romantische Staatsdenken siehe E. Kaufmann (Anm. 222), S. 7ff. und Rudolf Smend, Politisches Erlebnis und Staatsdenken seit dem 18. Jahrhundert, in: Staatsrechtliche Abhandlungen, 2. Aufl. Berlin 1968, S. 349ff.

[224] Hegel, Rechtsphilosophie, § 269.

[225] Bei Schmitthenner wird (gemäß Hegel) der Staat als System des sittlichen Lebens erfaßt, und die Staatsgewalt aus dem Organismusgedanken abgeleitet (Grundlinien, Anm. 160, S. 263, 275). Auch Zoepfl sah in Abhängigkeit von Hegel im Staat ein naturnotwendig

Freiheit und Bindung an die Gesamtheit. Die Annahme des Organismusbegriffs verführte die deutsche Lehre vor allem in der nach der romantischen Periode liegenden Zeit dazu, die immer erst zu bildende und zu bewahrende Einheit der Gesinnung und des politischen Wollens als vorgegeben anzunehmen und im Begriff der Staatsgewalt zu fixieren. Schrieb dieser Begriff einesteils die ältere Vorstellung der herrscherlichen Hoheitsrechte fort, so wurde er nun zum Mittel, um im Staate das persönliche Element der Herrschaft ohne Begründung in den Konsens der Gesamtheit zu fundieren. Es ist wohl zu weit gegangen, wenn Erich Kaufmann zwischen dem Begriff des Organismus in einem modernen Sinne und der Lehre vom monarchischen Prinzip eine Unverträglichkeit behauptet hat.[226] Es verhielt sich vielmehr so, daß ein vereinfachend verstandener Organismusbegriff es erleichterte, von der vorausgesetzten Einheit auf eine Einheit des Willens in der Staatsgewalt und hier auf das persönliche Moment des Fürsten abzustellen. Das war in einer Verbindung der organischen Vorstellung mit Gedanken Hegels das Resultat in der Begriffsbildung der deutschen Staatslehre, wie sie sich um die Mitte des Jahrhunderts herausbildete und dann im Positivismus befestigte. Wenn C. F. von Gerber den Staat als Lebensorganismus versteht, so folgert er: „Die Willensmacht des Staates ist die Macht zu herrschen; sie heißt Staatsgewalt“[227], und „Die Staatsgewalt ist die Willensmacht eines persönlich gedachten sittlichen Organismus“, „sittliche Gesamtkraft des selbstbewußten Volkes“.[228] In diesem Gallimathias aus zusammengerafften Formeln hegelscher und romantischer Herkunft wird dann der Weg bereitet, die so etablierte Staatsgewalt unabhängig von ihrer Begründung aus dem Volk zu legitimieren und mit Herrschermacht auszustatten. Diese grobe Körperhaftigkeit der Staatsgewalt ist dann eine Grundlage der spätkonstitutionellen Theorie geworden, in der das Problem der Gewinnung und Konstituierung der politischen Einheit und Entscheidung in nicht unerheblichem Maße verdunkelt und beiseitegerückt wurde. In der Tat hat erst die neuere deutsche Staats-

begründetes, keiner höheren Bestätigung bedürfendes Gemeinwesen, einen lebendigen Organismus (Staatsrecht, Anm. 161, S. 3/4), das alsbald mit der Staatsgewalt bekleidet wird. Damit ist der Weg gegeben, den Monarchen zu deren Subjekt zu ernennen (S. 93). Bei Fr. J. Stahl wird der Staat als sittliches Reich von Gott her begründet; bei ihm ist die Verbindung der Staatsgewalt mit der persönlichen Herrschaft besonders klar ausgeprägt (Philosophie des Rechts, 5. Aufl. 1878, Bd. 2.2, S. 188).

226 E. Kaufmann (Anm. 222), S. 13f.

227 C. F. von Gerber, Grundzüge eines Systems des Deutschen Staatsrechts, 2. Aufl. Leipzig 1869 (1. Aufl. 1865), S. 3.

228 Gerber S. 19/20. Im weiteren wird der Monarch als die oberste Willensmacht im Staate postuliert, dessen Wille zwar institutionell gebunden ist, aber als allgemeiner Wille gelten soll (S. 73f.).

lehre das Problem der politischen Willenseinigung im Staate wirklich aufgegriffen und in die Mitte gerückt.[229] Auch hier hat natürlich anderes Gedankengut, das Erbe Hegels mit seiner Erhebung des Staates zu einer sittlichen Idee, nachgewirkt, nicht minder wie politische Tendenzen. Glücklicherweise ist der Terminus des Organischen und des Organismus, der einer klaren Einsicht in die Vorgänge der politischen Entscheidungsbildung und der kontinuierlichen geistigen Trägerschaft im Staate im Wege steht, heute im Schwinden begriffen. Der Begriff des Staatsorgans ist nur ein rein technischer formelhafter Ausdruck geworden für den Träger staatlicher Aufträge und Ämter und als solcher auch in fremde Sprachen übergegangen.

VI. Ausblick

Ich möchte abschließen, indem ich einen Blick auf die Lage der politischen Theorie in Deutschland um 1840 werfe, am Ausgang der Periode, die wir hier betrachtet haben, vor den Wendungen, die mit den vierziger Jahren in Deutschland ein neues politisches Klima herbeiführen. Gegenüber dem ausgehenden 18. Jahrhundert zeigen sich die Veränderungen, nicht nur in den äußeren Verhältnissen, auch in der inneren Grundeinstellung. Das Naturrecht ist zurückgetreten, mögen einzelne Bestandteile seiner Begriffe und Anschauungen auch noch fortwirken, vor allem auch im liberalen Denken. Die Staatslehre hat sich von ihm gelöst und hat im wesentlichen doch eine neue Sicht ihres Gegenstandes gewonnen. Sie hat in ihrem juristischen Teil noch keine geschlossene Systembildung entwickelt, wie sie später in der Allgemeinen Staatslehre erscheint, die Probleme werden noch weithin als Einleitung zu Darstellungen des bestehenden Rechts behandelt. Doch widmen sich nun auch bereits Darstellungen wie C. S. Zachariae, Schmitthenner, Rotteck, Stahl auf breiter Grundlage einer Erörterung der Grundprobleme des Staates. Daneben ist eine umfangreiche politische Literatur seit den zwanziger Jahren emporgewachsen, die sich mit den Fragen der Staatsgestaltung, der Verfassung, der Stellung des Monarchen, dem Repräsentativsystem befaßt. Diese Schriften, bei denen vielfach auch die breite Berücksichtigung der ausländischen, besonders der französischen und englischen Vorgänge bemerkenswert ist, ergeben insgesamt eine große Breite der literarischen Behandlung politischer und staatsrechtlicher Fragen. In ihr sind sehr verschiedene Richtungen

[229] Hier darf auf die Integrationslehre von Rudolf Smend hingewiesen werden. Verfassung und Verfassungsrecht (1928), in: Staatsrechtl. Abhandlungen (Anm. 223), S. 127ff., 170ff.

[230] Ich verweise hier auf meine Darstellung: Robert von Mohl: Die Begründung einer Ver-

vertreten, ungeachtet eines gewissen Übergewichts konservativer Auffassungen. Zugleich formt sich die ältere Polizeiwissenschaft in ihren letzten Darstellungen, vor allem bei Robert von Mohl, in eine Verwaltungslehre um, die wesentliche Momente des vorsorgenden Staates der deutschen Tradition erhält und damit für die Entwicklung der deutschen Verwaltung im 19. Jahrhundert wichtige Anregungen gibt.[230] Auch der Aufbau eines über den einzelstaatlichen Staatssystemen stehenden gemeinen deutschen Staatsrechts stellt eine bedeutsame Leistung der deutschen Rechtslehre dar, die zugleich einer künftigen Staatslehre vorarbeitet.

In diesem Umkreis nehmen die romantischen Gedanken in doppelter Form ihren Platz ein. Einmal wirken die Konzeptionen des Staates, die ihn aus einer Vorstellung des Vertrages, der rationalen Zwecksetzung, herausheben und ihn auf eine lebendige Staatsgesinnung gründen wie mit einem eigenen Lebensprinzip ausstatten – sie kommen ebenso wie aus romantischer Quelle auch von anderer Seite, insbesondere von Hegel her – verbunden mit organischen Vorstellungen allgemein ein, ebenso die Verbindung des Rechts mit der Individualität der Nation und eine Verbindung mit dem Volksgedanken. Sehr weitgehend wirkt sich auch die Zuwendung zur Geschichte aus, die in der historischen Schule bei den Germanisten besondere Bedeutung gewinnt, und die nicht nur eigentliche rechtshistorische Forschungen anregt, sondern auch in der Betrachtung des Staates immer wieder historische Anknüpfungen und eine neuere stärkere Wertung der geschichtlichen Zusammenhänge bewirkt.

Auf der anderen Seite erscheint die Romantik in denjenigen Vertretern, die sich wie Adam Müller, Friedrich Schlegel, Baader der restaurativen Richtung annähern, als ein Bestandteil dieser politischen Orientierung, der sie ihrerseits auch bestimmte Anregungen vermittelt. In diesen Zusammenhang gehört die antirevolutionäre Haltung, die scharfe Wendung gegen eine auf der individuellen Stellung und dem Repräsentativsystem aufgebauten Staatsvorstellung französischer Prägung, das bewußte Festhalten an einem ständischen Aufbau für die innere Staatsordnung, die Heraushebung der Stellung des Herrschers, die sich mit der für die konservative Seite nun herrschend gewordenen Lehre vom monarchischen Prinzip deckt. Diese Übereinstimmungen, bei denen es schwer ist, die Wurzeln der Stellungnahmen auszumachen, gehen bis in die Einzelheiten. Ablehnung der Vertragslehre des Staates – schon in der Gegnerschaft gegen das späte Naturrecht einbeschlos-

waltungslehre und einer staatswissenschaftlichen Politik, in: Festschrift 500 Jahre Eberhard-Karls-Universität Tübingen, hrg. v. Hansmartin Decker-Hauff, Gerhard Fichtner, Klaus Schreiner, Tübingen 1977, S. 515ff.

sen –, zurückhaltende oder abweisende Würdigung der Gewaltenteilungslehre, Zuweisung einer Position an die Kammern, die in ihnen nur ein begleitendes, gewissermaßen gegenüber der handelnden Exekutive negatives Element erblickt[231], in diesen Zügen findet sich zwischen den konservativen Autoren und der Wiener Gruppe der Spätromantik weitgehende Übereinstimmung. Sie wird noch ergänzt durch die Hinneigung zu einem christlichen Staat und die enge Verbindung mit der religiösen Wiederbelebung, die ein Signum dieser Spätromantik ist. Dagegen finden jene Strömungen des Vormärz, in denen mehr die Stellung des Beamtentums im Sinne eines leitenden Wissens und einer reformerischen Initiative hochgehalten werden – hier dürfte Hegels Einfluß stärker wirken – ihre Grundlagen an anderer Stelle. Auch Stahl neigt gegenüber der Romantik, ungeachtet gewisser theologischer Begründungen, einer neuen weit realistischeren Einstellung zu und erweist sich gegenüber manchen Fragen der zeitgenössischen Diskussion als aufgeschlossener. Die liberalen Auffassungen, die in der Spätzeit der Romantik fortwirken – sie verlieren niemals bei Görres ihr Gewicht und verkörpern sich teilweise in einem Autor wie Uhland – sind demgegenüber schwächer ausgeprägt und haben auf die liberalen Strömungen, die sich mehr an der französischen Ideenwelt und Politik orientierten, geringeren Einfluß. So kommt es, daß in dieser späten Phase die Romantik im Blick ihrer Kritiker weitgehend in die restaurativen Zusammenhänge gerückt wird und mit ihnen der Überwindung anheimfällt.

In der Tat beginnt schon mit den vierziger Jahren eine neue Epoche sich abzuzeichnen. Gegenüber der Stille der biedermeierlichen Jahre machen sich nun Unruhe und Widerstand gegen die bestehende Ordnung stärker bemerkbar, die radikale Kritik des Neuen Deutschland weist auf Kräfte der Veränderung hin. Vor allem beginnt die soziale Frage in das Bewußtsein mindestens der sorgsameren Beobachter der gesellschaftlichen Lage zu treten. Und in der gesamten geistigen Haltung findet eine Wendung zum Realismus statt, die sich nach der Enttäuschung von 1848 noch verstärkt. Für die Auseinandersetzungen in der Paulskirche sind romantische Vorstellungen nicht mehr von Gewicht. In der Staatslehre hält die breite lebendige Diskussion um Verfassung und Verteilung der politischen Macht angesichts der offenen Zukunftsfragen noch bis in die fünfziger Jahre an, macht dann aber zusehends, nach der manche Erwartungen krönenden, aber auch manche enttäuschenden

[231] So zerlegt Fr. Schlegel, Signatur des Zeitalters (1823) die Legislative in einen fortschreitenden anregenden und einen retardierenden Teil (Kammer und Pairskammer); Werke Bd. VII, S. 585. Das entspricht ganz der üblichen Sicht der Zeit: die politischen Organe, Regierung und Kammer, als Momente der Bewegung und Erhaltung. Siehe meinen Hinweis in: Der moderne Parlamentarismus (Anm. 162), S. 338, Anm. 139.

Lösung der nationalen Frage und Machtverteilung, einer positiven Zuwendung zur Darstellung des Bestehenden und Erreichten Platz, deren nüchterne und klare Denkweise durchaus von der reichen und bis ins Phantastische gehenden Betrachtungsform der älteren Jahrzehnte abweicht. Erst in späteren Bewegungen einer irrationalen und kritischen Richtung finden romantische Elemente am Ausgang des Jahrhunderts wieder stärkere Beachtung und nach dem ersten Weltkrieg zeitweise eine weitverbreitete Aufmerksamkeit. Das aber liegt weit außerhalb unseres hier gesetzten Betrachtungszeitraumes.

Veröffentlichungen
der Arbeitsgemeinschaft für Forschung des Landes Nordrhein-Westfalen,
jetzt: Rheinisch-Westfälische Akademie der Wissenschaften

Neuerscheinungen 1971 bis 1980

GEISTESWISSENSCHAFTEN

Vorträge G Heft Nr.		
173	*Hermann Conrad, Bonn*	Staatsgedanke und Staatspraxis des aufgeklärten Absolutismus Jahresfeier am 19. Mai 1971
174	*Tilemann Grimm, Bochum*	Chinas Traditionen im Umbruch der Zeit
175	*Hans Erich Stier, Münster*	Der Untergang der klassischen Demokratie
176	*Heinz-Dietrich Wendland, Münster*	Die Krisis der Volkskirche – Zerfall oder Gestaltwandel?
177	*Gerhard Kegel, Köln*	Zur Schenkung von Todes wegen
178	*Theodor Schieder, Köln*	Hermann Rauschnings „Gespräche mit Hitler" als Geschichtsquelle
179	*Friedrich Nowakowski, Innsbruck*	Probleme der österreichischen Strafrechtsreform
180	*Karl Gustav Fellerer, Köln*	Der Stilwandel in der abendländischen Musik um 1600
181	*Georg Kauffmann, Münster*	Michelangelo und das Problem der Säkularisation
182	*Harry Westermann, Münster*	Freiheit des Unternehmers und des Grundeigentümers und ihre Pflichtenbindungen im öffentlichen Interesse nach dem Referentenentwurf eines Bundesberggesetzes
183	*Ernst-Wolfgang Böckenförde, Bielefeld*	Die verfassungstheoretische Unterscheidung von Staat und Gesellschaft als Bedingung der individuellen Freiheit
184	*Kurt Bittel, Berlin*	Archäologische Forschungsprobleme zur Frühgeschichte Kleinasiens
185	*Paul Egon Hübinger, Bonn*	Die letzten Worte Papst Gregors VII.
186	*Günter Kahle, Köln*	Das Kaukasusprojekt der Alliierten vom Jahre 1940
187	*Hans Erich Stier, Münster*	Welteroberung und Weltfriede im Wirken Alexanders d. Gr.
188	*Jacques Droz, Paris*	Einfluß der deutschen Sozialdemokratie auf den französischen Sozialismus (1871–1914)
189	*Eleanor v. Erdberg-Consten, Aachen*	Die Architektur Taiwans Ein Beitrag zur Geschichte der chinesischen Baukunst
190	*Herbert von Einem, Bonn*	Die Medicimadonna Michelangelos
191	*Ulrich Scheuner, Bonn*	Das Mehrheitsprinzip in der Demokratie
192	*Theodor Schieder, Köln*	Probleme einer europäischen Geschichte Jahresfeier am 30. Mai 1973
193	*Erich Otremba, Köln*	Die „Kanalstadt". Der Siedlungsraum beiderseits des Ärmelkanals in raumdynamischer Betrachtung
194	*Max Wehrli, Zürich*	Wolframs ‚Titurel'
195	*Heinrich Dörrie, Münster*	Pygmalion – Ein Impuls Ovids und seine Wirkungen bis in die Gegenwart
196	*Jan Hendrik Waszink, Leiden*	Biene und Honig als Symbol des Dichters und der Dichtung in der griechisch-römischen Antike
197	*Henry Chadwick, Oxford*	Betrachtungen über das Gewissen in der griechischen, jüdischen und christlichen Tradition
198	*Ernst Benda, Karlsruhe*	Gefährdungen der Menschenwürde
199	*Herbert von Einem, Bonn*	‚Die Folgen des Krieges'. Ein Alterswerk von Peter Paul Rubens
200	*Hansjakob Seiler, Köln*	Das linguistische Universalienproblem in neuer Sicht
201	*Werner Flume, Bonn*	Gewohnheitsrecht und römisches Recht
202	*Rudolf Morsey, Speyer*	Zur Entstehung, Authentizität und Kritik von Brünings „Memoiren 1918–1934"
203	*Stephan Skalweit, Bonn*	Der „moderne Staat". Ein historischer Begriff und seine Problematik
204	*Ludwig Landgrebe, Köln*	Der Streit um die philosophischen Grundlagen der Gesellschaftstheorie
205	*Elmar Edel, Bonn*	Ägyptische Ärzte und ägyptische Medizin am hethitischen Königshof Neue Funde von Keilschriftbriefen Ramses' II. aus Bogazköy

206	*Eduard Hegel, Bonn*	Die katholische Kirche Deutschlands unter dem Einfluß der Aufklärung des 18. Jahrhunderts
207	*Friedrich Ohly, Münster*	Der Verfluchte und der Erwählte. Vom Leben mit der Schuld
208	*Siegfried Herrmann, Bochum*	Ursprung und Funktion der Prophetie im alten Israel
209	*Theodor Schieffer, Köln*	Krisenpunkte des Hochmittelalters
		Jahresfeier am 7. Mai 1975
210	*Ulrich Scheuner, Bonn*	Die Vereinten Nationen als Faktor der internationalen Politik
211	*Heinrich Dörrie, Münster*	Von Platon zum Platonismus Ein Bruch in der Überlieferung und seine Überwindung
212	*Karl Gustav Fellerer, Köln*	Der Akademismus in der deutschen Musik des 19. Jahrhunderts
213	*Hans Kauffmann, Bonn*	Probleme griechischer Säulen
214	*Ivan Dujčev, Sofia*	Heidnische Philosophen und Schriftsteller in der alten bulgarischen Wandmalerei
215	*Bruno Lewin, Bochum*	Der koreanische Anteil am Werden Japans
216	*Tilemann Grimm, Tübingen*	Meister Kung Zur Geschichte der Wirkungen des Konfuzius
217	*Harald Weinrich, Bielefeld*	Für eine Grammatik mit Augen und Ohren, Händen und Füßen – am Beispiel der Präpositionen
218	*Roman Jakobson, Cambridge, Mass.*	Der grammatische Aufbau der Kindersprache
219	*Jan Öberg, Stockholm*	Das Urkundenmaterial Skandinaviens Bestände, Editionsvorhaben, Erforschung
220	*Werner Beierwaltes, Freiburg i. Br.*	Identität und Differenz. Zum Prinzip cusanischen Denkens
221	*Walter Hinck, Köln*	Vom Ausgang der Komödie. Exemplarische Lustspielschlüsse in der europäischen Literatur
222	*Heinz Hürten, Freiburg i. Br.*	Reichswehr und Ausnahmezustand. Ein Beitrag zur Verfassungsproblematik der Weimarer Republik in ihrem ersten Jahrfünft
223	*Bernhard Kötting, Münster*	Religionsfreiheit und Toleranz im Altertum
		Jahresfeier am 18. Mai 1977
224	*Karl J. Narr, Münster*	Zeitmaße in der Urgeschichte
225	*Karl Ed. Rothschuh, Münster*	Iatromagie: Begriff, Merkmale, Motive, Systematik
226	*Samuel R. Spencer Jr., Davidson, North Carolina*	Die amerikanische Stimmung im Jahr des Janus
227	*Paul Mikat, Düsseldorf*	Dotierte Ehe – rechte Ehe. Zur Entwicklung des Eheschließungsrechts in fränkischer Zeit
228	*Herbert Franke, München*	Nordchina am Vorabend der mongolischen Eroberungen: Wirtschaft und Gesellschaft unter der Chin-Dynastie (1115–1234)
229	*András Mócsy, Budapest*	Zur Entstehung und Eigenart der Nordgrenzen Roms
230	*Heinrich Dörrie, Münster*	Sinn und Funktion des Mythos in der griechischen und der römischen Dichtung
231	*Jean Bingen, Brüssel*	Le Papyrus Revenue Laws – Tradition grecque et Adaptation hellénistique
232	*Niklas Luhmann, Bielefeld*	Organisation und Entscheidung
233	*Louis Reekmans, Leuven*	Die Situation der Katakombenforschung in Rom
234	*Josef Pieper, Münster*	Was heißt Interpretation?
235	*Walther Heissig, Bonn*	Die Zeit des letzten mongolischen Großkhans Ligdan (1604–1634)
236	*Alf Önnerfors, Köln*	Die Verfasserschaft des Waltharius-Epos aus sprachlicher Sicht
237	*Walther Heissig, Bonn*	Die mongolischen Heldenepen – Struktur und Motive
238	*Günther Stökl, Köln*	Osteuropa – Geschichte und Politik
		Jahresfeier am 23. Mai 1979
239	*Wilhelm Weber, Münster*	Geld, Glaube, Gesellschaft
240	*Giovanni Nencioni, Florenz*	Lessicografia e Letteratura Italiana
241	*Arno Esch, Bonn*	Zur Situation der zeitgenössischen englischen Lyrik
242	*Otto Pöggeler, Bochum* *Heinz Breuer, Bonn*	Fragen der Forschungspolitik
243	*Klaus Stern, Köln*	Verfassungsgerichtsbarkeit zwischen Recht und Politik
244	*Klaus W. Niemöller, Münster*	Der sprachhafte Charakter der Musik
245	*Jürgen Untermann, Köln*	Trümmersprachen zwischen Grammatik und Geschichte
246	*Clemens Menze, Köln*	Leibniz und die neuhumanistische Theorie der Bildung des Menschen
247	*Helmut Schelsky, Münster*	Die juridische Rationalität
248	*Ulrich Scheuner, Bonn*	Der Beitrag der deutschen Romantik zur politischen Theorie

ABHANDLUNGEN

Band Nr.		
31	*Anton Moortgat, Berlin*	Tell Chuēra in Nordost-Syrien. Bericht über die vierte Grabungskampagne 1963
32	*Albrecht Dihle, Köln*	Umstrittene Daten. Untersuchungen zum Auftreten der Griechen am Roten Meer
33	*Heinrich Behnke und Klaus Kopfermann (Hrsg.), Münster*	Festschrift zur Gedächtnisfeier für Karl Weierstraß 1815–1965
34	*Joh. Leo Weisgerber, Bonn*	Die Namen der Ubier
35	*Otto Sandrock, Bonn*	Zur ergänzenden Vertragsauslegung im materiellen und internationalen Schuldvertragsrecht. Methodologische Untersuchungen zur Rechtsquellenlehre im Schuldvertragsrecht
36	*Iselin Gundermann, Bonn*	Untersuchungen zum Gebetbüchlein der Herzogin Dorothea von Preußen
37	*Ulrich Eisenhardt, Bonn*	Die weltliche Gerichtsbarkeit der Offizialate in Köln, Bonn und Werl im 18. Jahrhundert
38	*Max Braubach, Bonn*	Bonner Professoren und Studenten in den Revolutionsjahren 1848/49
39	*Henning Bock (Bearb.), Berlin*	Adolf von Hildebrand, Gesammelte Schriften zur Kunst
40	*Geo Widengren, Uppsala*	Der Feudalismus im alten Iran
41	*Albrecht Dihle, Köln*	Homer-Probleme
42	*Frank Reuter, Erlangen*	Funkmeß. Die Entwicklung und der Einsatz des RADAR-Verfahrens in Deutschland bis zum Ende des Zweiten Weltkrieges
43	*Otto Eißfeldt, Halle, und Karl Heinrich Rengstorf (Hrsg.), Münster*	Briefwechsel zwischen Franz Delitzsch und Wolf Wilhelm Graf Baudissin 1866–1890
44	*Reiner Haussherr, Bonn*	Michelangelos Kruzifixus für Vittoria Colonna. Bemerkungen zu Ikonographie und theologischer Deutung
45	*Gerd Kleinheyer, Regensburg*	Zur Rechtsgestalt von Akkusationsprozeß und peinlicher Frage im frühen 17. Jahrhundert. Ein Regensburger Anklageprozeß vor dem Reichshofrat. Anhang: Der Statt Regenspurg Peinliche Gerichtsordnung
46	*Heinrich Lausberg, Münster*	Das Sonett *Les Grenades* von Paul Valéry
47	*Jochen Schröder, Bonn*	Internationale Zuständigkeit. Entwurf eines Systems von Zuständigkeitsinteressen im zwischenstaatlichen Privatverfahrensrecht aufgrund rechtshistorischer, rechtsvergleichender und rechtspolitischer Betrachtungen
48	*Günther Stökl, Köln*	Testament und Siegel Ivans IV.
49	*Michael Weiers, Bonn*	Die Sprache der Moghol der Provinz Herat in Afghanistan
50	*Walther Heissig (Hrsg.), Bonn*	Schriftliche Quellen in Moġolī. 1. Teil: Texte in Faksimile
51	*Thea Buyken, Köln*	Die Constitutionen von Melfi und das Jus Francorum
52	*Jörg-Ulrich Fechner, Bochum*	Erfahrene und erfundene Landschaft. Aurelio de' Giorgi Bertòlas Deutschlandbild und die Begründung der Rheinromantik
53	*Johann Schwartzkopff (Red.), Bochum*	Symposium ‚Mechanoreception'
54	*Richard Glasser, Neustadt a. d. Weinstr.*	Über den Begriff des Oberflächlichen in der Romania
55	*Elmar Edel, Bonn*	Die Felsgräbernekropole der Qubbet el Hawa bei Assuan. II. Abteilung. Die althieratischen Topfaufschriften aus den Grabungsjahren 1972 und 1973
56	*Harald von Petrikovits, Bonn*	Die Innenbauten römischer Legionslager während der Prinzipatszeit
57	*Harm P. Westermann u. a., Bielefeld*	Einstufige Juristenausbildung. Kolloquium über die Entwicklung und Erprobung des Modells im Land Nordrhein-Westfalen
58	*Herbert Hesmer, Bonn*	Leben und Werk von Dietrich Brandis (1824–1907) – Begründer der tropischen Forstwirtschaft. Förderer der forstlichen Entwicklung in den USA. Botaniker und Ökologe
59	*Michael Weiers, Bonn*	Schriftliche Quellen in Moġolī, 2. Teil: Bearbeitung der Texte

60	*Reiner Haussherr, Bonn*	Rembrandts Jacobssegen Überlegungen zur Deutung des Gemäldes in der Kasseler Galerie
61	*Heinrich Lausberg, Münster*	Der Hymnus ›Ave maris stella‹
62	*Michael Weiers, Bonn*	Schriftliche Quellen in Mogolī, 3. Teil: Poesie der Mogholen
63	*Werner H. Hauss (Hrsg.), Münster, Robert W. Wissler, Chicago, Rolf Lehmann, Münster*	International Symposium 'State of Prevention and Therapy in Human Arteriosclerosis and in Animal Models'
64	*Heinrich Lausberg, Münster*	Der Hymnus ›Veni Creator Spiritus‹
65	*Nikolaus Himmelmann, Bonn*	Über Hirten-Genre in der antiken Kunst
66	*Elmar Edel, Bonn*	Die Felsgräbernekropole der Qubbet el Hawa bei Assuan. Paläographie der althieratischen Gefäßaufschriften aus den Grabungsjahren 1960 bis 1973

Sonderreihe
PAPYROLOGICA COLONIENSIA

Vol. I *Aloys Kehl, Köln*	Der Psalmenkommentar von Tura, Quaternio IX (Pap. Colon. Theol 1)
Vol. II *Erich Lüddeckens, Würzburg* *P. Angelicus Kropp O. P., Klausen,* *Alfred Hermann und Manfred Weber, Köln*	Demotische und Koptische Texte
Vol. III *Stephanie West, Oxford*	The Ptolemaic Papyri of Homer
Vol. IV *Ursula Hagedorn und Dieter Hagedorn, Köln* *Louise C. Youtie und Herbert C. Youtie,* *Ann Arbor*	Das Archiv des Petaus (P. Petaus)
Vol. V *Angelo Geißen, Köln*	Katalog Alexandrinischer Kaisermünzen der Sammlung des Instituts für Altertumskunde der Universität zu Köln Band 1: Augustus-Trajan (Nr. 1–740) Band 2: Hadrian-Antoninus Pius (Nr. 741–1994)
Vol. VI *J. David Thomas, Durham*	The epistrategos in Ptolemaic and Roman Egypt Part 1: The Ptolemaic epistrategos
Vol. VII	Kölner Papyri (P. Köln)
Bärbel Kramer und Robert Hübner (Bearb.), Köln	Band 1
Bärbel Kramer und Dieter Hagedorn (Bearb.), Köln	Band 2
Bärbel Kramer, Michael Erler, Dieter Hagedorn und Robert Hübner (Bearb.), Köln	Band 3
Vol. VIII *Sayed Omar, Kairo*	Das Archiv des Soterichos (P. Soterichos)

SONDERVERÖFFENTLICHUNGEN

Der Minister für Wissenschaft und Forschung des Landes Nordrhein-Westfalen	Jahrbuch 1963, 1964, 1965, 1966, 1967, 1968, 1969, 1970 und 1971/72 des Landesamtes für Forschung

Verzeichnisse sämtlicher Veröffentlichungen der Arbeitsgemeinschaft für Forschung des Landes Nordrhein-Westfalen, jetzt: Rheinisch-Westfälische Akademie der Wissenschaften, können beim Westdeutschen Verlag GmbH, Postfach 300 620, 5090 Leverkusen 3 (Opladen), angefordert werden